bienvenido a

saber

viento favorable
sabe adónde va.

Platón, filósofo griego del siglo v antes de Cristo

¡QUÉ FU

LA  M

Dirección editorial:
José L. Cortés Salinas

Diseño: Alfonso Ruano y Cesar Escolar

Joaquín Turina, 39 - 28044 Madrid

ISBN:
84-348-7159-9
Depósito legal:
M-47859-2001
Preimpresión: Grafilia SL
Impreso en España / *Printed in Spain*
Huertas IG. SA
Fuenlabrada (Madrid)

Primera edición: mayo 2000
Segunda edición: noviembre 2001

ERTE ES
ÚSICA!

José Luis Cortés

saber

sm

¡ALT!

¡IDENTIFÍQUESE!

Cuando leas este libro, ninguna de estas preguntas será un misterio para ti. Pero quizá ahora algunas se te escapan.

¿Quieres probar tu estado actual de conocimientos?

Elige para cada pregunta la respuesta que creas más acertada. Algunas pueden tener dos respuestas válidas, y otras, ninguna.

Las soluciones, en la página ocho.

1. **Cuando en clase el profe se dispone a preguntar la lección, se hace un gran silencio... Pero ¿puede llegar a existir el silencio total?**

   a) No, no puede existir.

   b) Sí que existe, en el espacio.

   c) Sí que existe, por debajo del ruido.

2. **¿Este bajorrelieve egipcio puede ser auténtico o es una falsificación?**

   a) Es falso, porque en Egipto no existían arpistas zurdos.

   b) Es falso, porque los egipcios no conocían la música.

   c) Es auténtico.

3. **La música, ¿es un arte o es una ciencia?**

a) Es un arte.

b) Es una ciencia.

c) Las dos cosas.

4. **¿Quién le puso sus actuales nombres a las siete notas musicales?**

a) Un monje italiano, hacia el año 1000.

b) Un señor que se llamaba Guido.

c) Julio Iglesias.

5. **Hay algunas notas que son más largas que otras. Entre una blanca y una negra, la nota más corta es:**

a) La blanca.

b) La negra.

c) Las dos duran igual.

6. **Los instrumentos musicales pueden ser de cuerda, de viento y de percusión. Un ejemplo de instrumento de cuerda es:**

a) La campana.

b) Un reloj que no sea automático.

c) La viola.

7. **Juan Sebastián Bach fue un famoso músico barroco. ¿Sabes cuantos hijos tuvo este señor?**

a) Ninguno, porque era soltero.

b) Diez.

c) Veinte.

8. **Se suele considerar como la primera grabación de un disco "rock" *That's alright, mama*, que cantaba:**

a) Elvis Presley.

b) Louis Armstrong.

c) Julio Iglesias.

9. **La música china es muy distinta de la música occidental, porque:**

a) Es amarilla y con los ojos rasgados.

b) No tiene notas ni contrapunto.

c) Tiene una escala de sólo cinco notas.

10. **El DVD es un disco cuyo nombre significa:**

a) Digital Versatile Disc (disco digital versátil)

b) Digital Video Disc (disco y video digital).

c) Direct Vegetable Disc (disco ecológico, sin fosfatos)

RESPUESTAS

1	**a**	b	c
2	a	b	**c**
3	a	b	**c**
4	**a**	**b**	c
5	a	**b**	c
6	a	b	**c**
7	a	b	**c**
8	**a**	b	c
9	a	b	**c**
10	**a**	b	c

Explicación

1. El silencio total no existe, ni ha existido nunca (Mira en la pág. 60.)
2. Es auténtico. (Mira en la pág. 65.)
3. Es un arte y una ciencia. Hoy día es, además, un gran negocio. (Mira en la pág. 53.)
4. Hacia el año 1000, un monje italiano que se llamaba Guido. Desde luego, ¡no Julio Iglesias! (Mira en la pág. 67.)
5. La negra dura la mitad de la blanca; "blanca" o "negra" depende sólo de si el "borroncito" está vacío o lleno. (Mira en la pág. 70.)
6. La viola. Para que un instrumento sea "de cuerda" tiene que ser la cuerda la que vibre y produzca el sonido. (Mira en la pág. 79.)
7. Tuvo veinte hijos, aunque algunos no llegaron a adultos. (Mira en la pág. 102.)
8. Elvis Presley. Desde luego, ¡no Julio Iglesias! (Mira en la pág. 83.)
9. La música china utiliza una escala de sólo cinco notas. (Mira en la pág. 84.)
10. Digital Versatile Disc. (Mira en la pág. 57.)

¿Cuántas preguntas has acertado?

De 1 a 3: Ejem, ejem... Este libro te va a venir de perillas. Te vas a enterar de un montón de cosas.

De 4 a 8: ¡Enhorabuena! Como ya sabes bastante, seguro que este libro te interesa.

9 o 10: ¡Oh la la! ¡Tú sí que vas a poder disfrutar a fondo de un libro como éste!

¿Qué te juegas?

SABER sirve,
entre otras cosas,
para divertirse.
Aquí tienes estos
juegos para que
desafíes a tu
inteligencia o,
simplemente, para
que los intercales
mientras vas
leyendo el libro.
Les hemos dado
una puntuación
según su
dificultad.
¡A POR ELLOS!

(LAS SOLUCIONES,
EN LA PÁGINA 108.)

2 puntos

PALABRAS MUSICALES

Utilizando únicamente los nombres de las siete notas (DO – RE – MI – FA – SOL – LA – SI), prueba a completar las siguientes palabras (una letra por guión). Todas tienen algo que ver con la música.

I__TA____S

__NFONIA

ESCA__

__CROFONO

VIO__

DI__CTOR

MU__CA

TEC____

COMPO__TOR

___ISTA

3 puntos

Dibujo trucado

Este dibujo pertenece al relato del pianista secuestrado. Pero el de abajo tiene cambiadas 10 cosas respecto al de arriba. ¿De qué cosas se trata?

Compóntelos

1 punto

Todos estos instrumentos musicales están partidos por la mitad, y algunos incluso en tres partes. ¿Eres capaz de recomponerlos sin que te falten ni te sobren piezas?

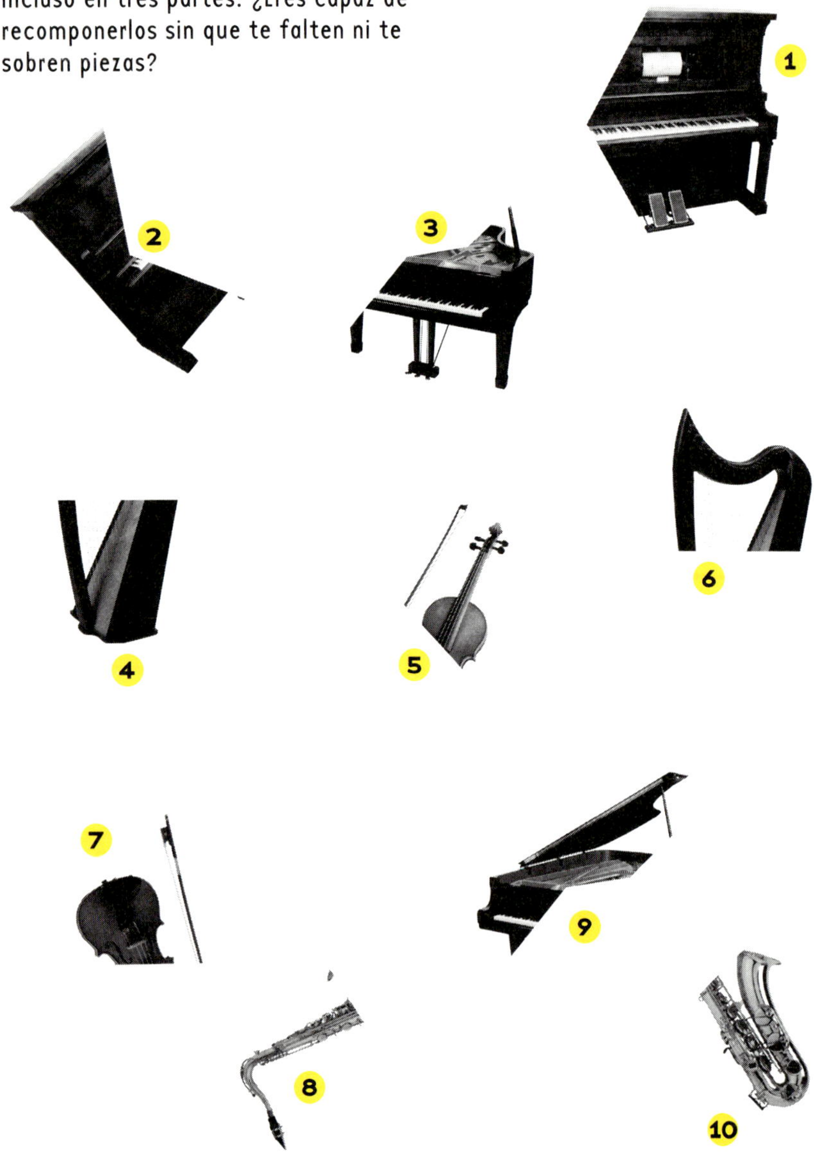

Sopa de músicos

3 puntos

Esta sopa de letras contiene los nombres de 10 grandes músicos:

BACH – MOZART – HAYDN – LISTZ – DVORAK – RAVEL – BEATLES – ROLLING – STING.

¿Los encuentras?
(Se lee de arriba abajo y viceversa, de derecha a izquierda y viceversa, y también en diagonal.)

S	M	H	A	R	B	I	G	O	T
E	C	I	R	A	N	D	Y	A	H
B	E	E	T	H	O	V	H	N	O
E	G	P	I	P	A	S	K	L	L
S	N	S	E	L	T	A	E	B	A
U	I	S	P	I	R	V	I	N	A
G	L	M	N	B	A	C	H	I	N
O	L	G	A	R	Z	T	S	I	L
N	O	K	D	V	O	R	A	K	K
H	R	O	A	U	M	C	O	C	A

Crucigrama musical

Rellenando este crucigrama con las palabras exactas te saldrá en la columna central sombreada el nombre de este instrumento.

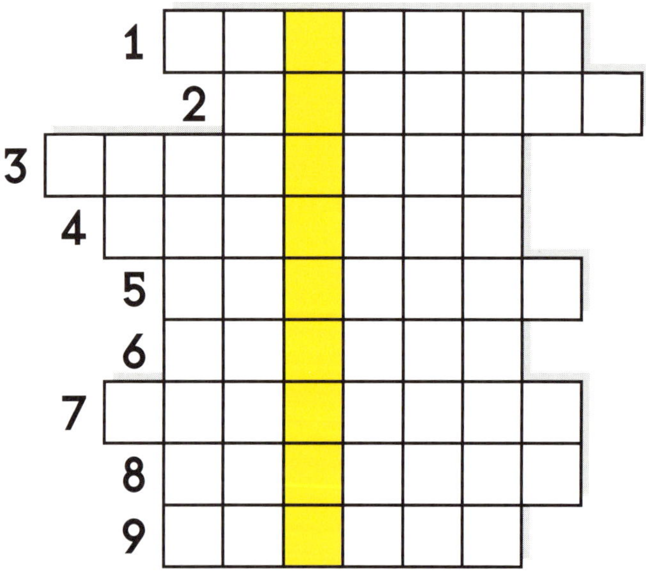

1. El que se dedica al arte.
2. La que se dedica al arte.
3. El que toca el piano.
4. Es un baile... y también un pescado.
5. Lo que cantan los cantantes.
6. Se considera el rey de los instrumentos musicales.
7. Muchos intrumentos que tocan juntos.
8. Un instrumento que toca solo.
9. Un músico de León.

Se busca

3 puntos

Este trocito pertenece a una foto que se encuentra en alguna página de este libro. ¡A ver si lo encuentras!

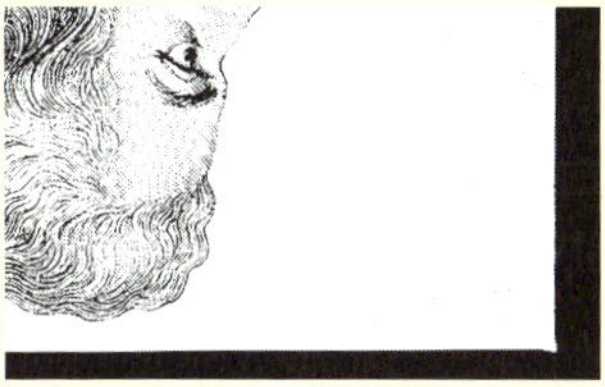

Jeroglífico

4 puntos

La compuso Beethoven entre 1805 y 1808, y viene entre la cuarta y la sexta.

FOCA
FOCA
FOCA
FOCA
C

LA
MI
DO

La peli

El extraño caso del pianista secuestrado

Texto de José L. Cortés

Ilustraciones de Javier Argul

1

En cinco minutos estamos allí

—¡Aquí estarás como un señor, mientras toda Rusia te busca!

El granuja soltó una risotada y luego, haciendo un mohín desagradable, cerró tras sí la puerta de un portazo.

Mifa miró a su alrededor. No se lo podía creer. Hacía apenas veinte minutos, había parado aquel taxi para dirigirse al auditorio adonde iba a dar el concierto; había indicado al taxista la dirección y luego se distrajo pensando en el programa, que, por cierto, no había decidido él, sino su *manager*...

A partir de ahí las cosas tomaron un ritmo del todo inesperado.

—¿Está seguro de que éste es el camino? —preguntó al taxista cuando vio que se alejaba del centro de la ciudad y, por lo que él sabía, en una dirección totalmente distinta a la que conducía al auditorio.

—No se preocupe —le contestó aquel rufián—. He elegido este camino porque a esta hora el centro está que no hay quien lo atraviese. Estaremos allí en cinco minutos...

Cuando Mifa se dio cuenta de lo que en realidad estaba sucediendo era demasiado tarde para ponerse a gritar o para tirarse del coche. El taxi corría a 160 kilómetros por parajes absolutamente despoblados. Finalmente, y después de aquella carrera loca, llegaron a un lugar donde otros compinches esperaban al supuesto taxista.

Mifa tenía catorce años, pero era ya un nombre de primera categoría entre los pianistas de música clásica. Había ganado aquel mismo año el prestigioso concurso Chaikovski y le llovían invitaciones de todo el mundo. Las revistas especializadas llenaron sus portadas con aquella cara casi de niño, el pelo negro, rizado, y las gruesas cejas herencia de quién sabe qué antepasado habitante de la estepa. Si no hubiese sucedido este episodio, a estas horas estaría dando su concierto en el auditorio del Bolshoi. Había venido expresamente para ello desde Járkov. Ahora comprendía que había sido un imprudente, saliendo así, del hotel, sin compañía alguna... Pero, por otro lado, ¿quién se lo podía imaginar? Aunque en la Rusia de hoy es posible imaginarse cualquier cosa, sobre todo si se trata de algo que tiene que ver con la corrupción.

El concurso Chaikovski de piano es, junto al Chopin de Varsovia, uno de los más prestigiosos del mundo. Ganarlo supone automáticamente el lanzamiento a nivel mundial.

'Bolshoi', en ruso, significa 'grande', por oposición a otro teatro más pequeño, el Malij. Está cerca del Kremlin y caben en él 2.000 personas.

La puerta se abrió. En el marco, y precedida por el presunto taxista, apareció la figura de una mujer joven.

—Hola, Mifa —saludó al muchacho.

Extrañamente, y al contrario que todos aquellos facinerosos, la mujer aparecía llena de encanto, con un vestido de color azul eléctrico que resaltaba su cabello dorado.

—¿Por qué me han traído aquí? ¿Qué quieren de mí? ¡Déjeme al menos que telefonee a mi familia...!

—Tranquilo, no te vamos a hacer ningún daño. Disculpa si los modos que han utilizado contigo hasta ahora no fueron de lo más educado; pero comprende que cuando se decide secuestrar a una persona no se pueden pedir las cosas "por favor".

Al oír la palabra "secuestrar", Mifa comprendió por primera vez la gravedad de todo aquello.

—¿Quiere decir que estoy secuestrado? Y ¿por qué?

—Querido muchacho, permite primero que me siente y te lo contaré todo con más tranquilidad.

La mujer del vestido azul se sentó delante de Mifa. Sacó un cigarrillo y lo encendió.

—Supongo que tú no fumas... todavía.

—Déjese de tonterías —la cortó tajantemente Mifa—. Quiero que me explique qué sentido tiene todo esto. Usted sabe que ni yo ni los míos somos ricos. Jamás podrá obtener de nosotros un rescate...

—Eso está por ver —dijo la mujer, lanzando una bocanada de humo—. Y, de todos modos, no es el dinero lo único que me interesa.

—¿Entonces?

La mujer hizo un gesto con la mano y el sabueso que había secuestrado a Mifa desapareció, cerrando la puerta.

—Mi nombre es Utmila —empezó a decir—. Utmila Lamidova... No sé si ese nombre te dice algo...

—¡Claro que me dice! Utmila Lamidova ha sido una de las más importantes intérpretes rusas de piano. La he estudiado en el conservatorio. He oído todos sus discos de Rachmaninov..., y las *Baladas* de Chopin, y todo Prokofiev, y Debussy...

—Tú lo has dicho: "he sido". Ahora hace años que no doy un concierto. La gente se ha cansado de mí, como se cansa uno de una muñeca que canta siempre la misma canción... Quieren músicos jóvenes, niños incluso...

A Mifa lo asaltó una terrible sospecha: ¿querría aquella mujer vengar en él su despecho? ¿Debería esperar un trato humillante..., torturas quizá? Nunca había sido demasiado valiente, la verdad. Acostumbrado a las largas sesiones de ensayos al piano, sus músculos no se parecían en nada a los de Superman, excepto sus manos: ésas sí que se habían ido haciendo cada día más ágiles, más robustas, más fuertes. Instintivamente, miró sus largos dedos: ¿lograrían salir incólumes de esta situación? ¿No intentaría esta mujer —o sus secuaces— dañarlos, aplastarlos, machacarlos..., cortárselos tal vez?

—Lo siento. Le aseguro que no tenía noticia de ello. Pensé que seguía usted dando conciertos por el extranjero.

—Eso creen todos. Y eso facilitará las cosas. A nadie se le ocurrirá pensar que el secuestro de Mifa Shol ha sido organizado por la Lamidova, tan artista, tan culta, tan civilizada ella, poco menos que un héroe nacional...

—No sé qué mal he podido hacerle yo. No sé por qué tiene que pagarlo conmigo... ¿Cree que haciéndome daño va a salir ganando?

—¿Y quién ha hablado de hacerte mal?

—Yo creí... Usted me ha dicho que me considere secuestrado.

—Secuestrado, sí; pero no te va a pasar nada malo. Al contrario, si te portas bien te van a pasar cosas muy buenas... A ti y a mí.

—No la entiendo.

Intermedio

¿Qué pretenden conseguir de Mifa sus secuestradores?
¿Qué ha pasado mientras tanto en la sala de conciertos, al ver que el pianista no aparecía?
¿Quién es la misteriosa mujer?

2

¿Qué te parece esto?

—La cosa es más bien sencilla —siguió contando la mujer, mientras cruzaba las piernas—. ¿Te has preguntado alguna vez por qué es precioso el oro?

—¿El oro?

—Sí, el oro, el metal. ¿Por qué crees que la gente se mata por él? ¿Por qué crees que es la cosa más preciada del mundo?

—Supongo que por sus cualidades. En la escuela nos explicaron que era el metal más perfecto, el más resistente...

—También por eso, pero no principalmente —hubo una pausa, que Utmila aprovechó para lanzar una nueva bocanada de humo—. El oro es precioso porque es escaso. Te aseguro que si hubiera tanto oro como barro, la gente dejaría de tener el mínimo interés en él, aunque siguiera siendo el más perfecto de los metales.

Desde el exterior llegaron, atenuadas, las notas de un piano. Mifa no pudo dejar de preguntarse quién tocaba el instrumento en aquel siniestro lugar.

—De todas formas, no lo entiendo —añadió—. No sé qué tiene que ver todo eso con su carrera o con mi secuestro...

—Te lo cuento yo en dos palabras, querido Mifa. No sé si en tus estudios se decía que también yo, como tú, gané el concurso Chaikovski de piano, hace ya de eso muchos años. Pero sí sabes que también yo fui solicitada por las salas de concierto de todo el mundo, que estuve años y años dando vueltas por los mejores auditorios, que grabé decenas y decenas de discos...

—Claro que lo sé. Ya le he dicho que he escuchado un montón de discos suyos.

—Pero ésa fue la realidad sólo de mis primeros años. Luego, como te he contado, la gente empezó a cansarse de la Lamidova; cesaron las invitaciones o empezaron sólo a llegar procedentes de miserables lugares, con honorarios ridículos...

—Perdone; pero sigo sin saber qué tiene que ver todo eso conmigo.

—Mucho. Querido Mifa: he decidido que contigo todo eso no se repetirá.

Mifa comenzaba a comprender, pero no quería dar crédito a sus oídos.

—Tú serás el elegido, el mejor, el único. Nadie sabrá dónde vives. Crearemos a tu alrededor el misterio. De ti se conocerán sólo los discos: unos discos perfectos, como nunca se escucharon, elegidos, legendarios... He seguido tu carrera y sé que estoy apostando por el caballo ganador, querido. Dosificaremos sabiamente tus incursiones en el mercado, los títulos, las tiradas..., tener un disco tuyo se convertirá en la cosa más preciada. Porque serán escasos..., tan escasos como el oro.

—Pero eso quiere decir...

—Sí. Eso quiere decir que no saldrás de aquí en el resto de tu vida.

Intermedio

¿Se resignará Mifa al plan que Utmila le propone?
¿De dónde llegan las notas del piano que se ha escuchado al fondo?

3

Rudi no entiende ni jota

La ausencia de Mifa causó estupor en la sala de conciertos. Lo más granado de la sociedad rusa se había dado cita para ver y escuchar al nuevo genio. Entre los presentes había incluso gente a quien le gustaba la música clásica. El retraso fue interpretado al principio como una muestra de divismo ("En cuanto se hacen famosos..."); pero a la media hora, y después de recibir del hotel la confirmación que de allí había salido ya hacía un buen rato, empezó a abrirse paso la sospecha de que algo raro estaba sucediendo. Y luego llegó la evidencia del secuestro. Fue entonces cuando se pidió la intervención de Rudi Pavlov, inspector de policía de Moscú.

—¡Vaya por Dios! Me tiene que tocar a mí este caso. A mí, que no aguanto ni cinco minutos de música clásica. Si por lo menos se hubiera tratado de Bruce Springsteen...

Bruce Springsteen es considerado el sucesor y la síntesis de Elvis, los Beatles y los Rolling Stones. Por la riqueza de sus letras ha sido comparado también a Bob Dylan, aunque Bruce es mucho más exuberante. Vendió millones de copias con Born in the USA (1984), uno de sus discos más importantes.

La idea del secuestro fue ganando rápidamente verosimilitud. Por desgracia, en la Rusia postcomunista no era ninguna novedad. Florecían las mafias y la consigna era enriquecerse lo más rápidamente posible. De todas formas, hubo también quien manifestó sus dudas.

—No sé —comentó Natalia, la hija pequeña de Rudi. A ella sí que le gustaba la música clásica. De hecho, se encontraba entre las personas que aquella tarde habían ido a escuchar al gran Mifa, aunque, dado lo exiguo de la paga semanal que le pasaba su padre, desde la última galería.

—¿Qué es lo que no sabes? —farfulló su padre, que en aquel momento se estaba comiendo un trozo de pizza que apenas le cabía en la boca.

—La carrera de Mifa Shol es todavía demasiado breve. No creo que haya tenido tiempo de ganar suficiente dinero como para pagar un fuerte rescate. Y, por lo que sé, su familia no nadaba en la abundancia...

Deutsche Grammophon es uno de los principales sellos discográficos del mundo. En sus orígenes, era la sucursal en Alemania de una casa americana que vendía gramófonos y maquinas de escribir. Igual origen tuvieron otros dos grandes sellos musicales, EMI y RCA.

—¡Qué ignorante eres, Natalia! Olvidas que el muchacho ha sido contratado por la Deutsche Grammophon como artista exclusivo de su sello. Será a ellos a quienes los secuestradores dirigirán sus exigencias.

—Podría suceder... Pero no sé si la Deutsche estará dispuesta a pagar por algo que es todavía una promesa... Y tú, mientras tanto, ¿qué piensas hacer?

—He oído ya a unos cuantos soplones, pero esta vez ninguno sabe nada. Se diría que el secuestro no es obra de ninguna de las grandes mafias..., lo cual complica bastante las cosas. Aunque confío en que, precisamente porque se trata de novatos, más bien pronto que tarde den algún paso en falso.

—¿Por ejemplo?

—Por ejemplo, no tomando precauciones en el envío de sus mensajes, con lo cual será fácil remontarse a las fuentes y dar con los culpables. O dejándose engañar con el truquillo de los billetes marcados... De todas formas, estoy seguro de que pronto tendremos noticias de los secuestradores.

Rachmaninov utilizó para esta Rapsodia un tema inventado por Paganini, un pianista italiano de hacia 1800. La primera parte es la exposición de este tema, y luego siguen 23 variaciones.

No fue así. Pasó mucho tiempo, exactamente un año y tres meses, antes de que llegara la primera señal del secuestrado.

Y lo que llegó no fueron noticias, sino un disco. La *Rapsodia sobre un tema de Paganini*, de Rachmaninov, interpretada desde su misteriosa residencia por el secuestrado Mifa Shol. Un disco que iba a vender, sólo en el primer mes, seis millones de ejemplares en todo el mundo.

Intermedio

¿Tiene razón Natalia al pensar que no es el rescate la única razón de aquel extraño secuestro? ¿Qué pianista va a encontrar la policía para rescatar con vida a Mifa?

4

Un piano que trae cola

Después de aquella primera entrevista con Utmila, la vida de Mifa había cambiado por completo. Lo instalaron en un palacete delicioso, decorado al estilo barroco del tiempo del zar Pedro, con grandes cornisas doradas y espejos enormes. Desde las ventanas, y hasta donde la vista alcanzaba, se distinguía sólo un inmenso jardín que se prolongaba en un bosque del cual no se veía el límite.

El zar Pedro el Grande gobernó Rusia de 1672 a 1725. Hizo todo lo posible por aproximar su país a Europa, incluso en su arquitectura y en sus modas. Por ejemplo, prohibió a los rusos que se dejasen crecer la barba.

Alguna vez, al muchacho se le permitía salir a dar un paseo, y entonces descubrió que, en la parte trasera del palacio, había además un gran lago, limpísimo, con cisnes blancos y negros, y una variedad de árboles frutales como jamás había visto en su vida.

Los primeros días, Mifa sentía una tristeza mortal. Ni los exquisitos manjares que le servían, ni las sábanas de seda de su lecho, ni los libros, discos y películas de vídeo que pusieron a su disposición, lograban aliviar su pena. Estaba preocupado por sus padres. ¿Qué estaría pasando? ¿Había alguna esperanza de volver a verlos algún día?

Cuando se lo comentó a Utmila, ésta no tuvo ningún reparo en contestarle.

—¿Por qué no? Cuando haya pasado un poco de tiempo,

alguien se encargará de explicarles cómo están las cosas y, si aceptan entrar en el juego, podrán incluso verte de vez en cuando.

Esto alivió algo al muchacho. Luego, poco a poco, fue recuperando su interés por el piano, que era algo que amaba más que nada en el mundo. Al principio tocaba solamente piezas muy melancólicas. Luego añadió cada día los ejercicios de rigor..., y no habían pasado todavía tres semanas cuando el palacete se vio inundado con las locas carreras de los dedos por el teclado, las cascadas de sonidos, los vibrantes acordes que hacían temblar los espejos del salón.

Un acorde es un grupo de notas que se tocan juntas, todas a la vez.

—Bien, vamos bien... —comentó Utmila a Ulianov, el mafioso que había ejercido de taxista en el secuestro—. Dentro de un par de meses podremos comenzar las grabaciones.

—¿Y si los resultados no son los previstos?

—"Neós apozneskein hoti filei zeós", que quiere decir, en griego, "Mueren jóvenes aquellos a quienes aman los dioses" —Completó la mujer viendo la cara extrañada de su empleado.

Habían pasado apenas tres meses del secuestro cuando Utmila, un día, dio el paso decisivo. Se presentó en la antesala del cuarto de Mifa mientras éste, duchado y fresco como un arpegio, consumía su desayuno.

Un arpegio es un acorde cuyas notas no se tocan todas juntas, sino rápidamente una detrás de otra.

—Veo que has recuperado el apetito. Te confieso que me tenías algo preocupada. Un pianista consume miles de energías en un concierto... y debe comer sano y bien.

—Déjese de tonterías, Utmila. No es el apetito lo que echo de menos, sino la libertad. Además de que no entiendo qué hago aquí tanto tiempo. ¿No corre el riesgo de que, antes o después, la policía registre este sitio? Aunque ustedes se han cuidado muy mucho de que yo no viese ningún telediario ni leyese ningún periódico, estoy seguro de que alguien me está buscando.

—¡Claro que te están buscando! Pero cada vez menos y siempre en los sitios equivocados. Han interrogado a todos los mafiosos, han escrutado los lugares más sórdidos de Rusia, han dado incluso orden de detención contra desconocidos a la Interpol... Pero a nadie se le ha ocurrido buscar entre la buena sociedad rusa, ni en los paradisíacos palacetes de la campiña cercana a Moscú, ni, mucho menos, interrogar a la gran ex diva del piano Utmila Lamidova.

—Entonces no me queda ninguna esperanza...

—Tu esperanza y tu vida son el piano, Mifa. Lo han sido siempre, y lo continúan siendo. Tu única libertad tiene que venirte a través de él. Si quieres que sepan de ti, si quieres comunicarte con el mundo de un modo que ninguna carta y ningún mensaje pueden expresar, toca el piano. A propósito, creo que desde que estás aquí no has tenido ocasión de visitar el subterráneo de esta villa...

—¿El subterráneo?

—Sí, querido. Esta villa se construyó en tiempos muy difíciles... ¿Y cuándo no han sido difíciles los tiempos en Rusia?... Te maravillarías si supieras cuántos pasadizos, cuántas trampas, qué misterioso mundo subterráneo, recorren Moscú de un extremo al otro. Entre nosotros, los ricos han sabido desde siempre que tarde o temprano llega un día en que hay que huir sin dejar huella... Mira, si no, lo que le pasó al último zar y a toda su familia por no ser prevenidos...

El último zar de Rusia fue Nicolás II, un zar débil que murió asesinado, junto con toda su familia (su mujer, el heredero y cuatro infantas), en la noche entre el 16 y el 17 de julio de 1918.

Menos de media hora después, Mifa seguía a la mujer, ambos precedidos por dos de sus esbirros, y descendían una estrecha escalera que quedó al descubierto al levantar una trampilla de la cocina.

Las escaleras terminaban en un cubículo con toda la apariencia de una inocente cantina. Botellas de vino ocupaban las paredes. Pero Mifa notó, con curiosidad, que en la cantina, al contrario de lo que podía esperarse, no había la menor traza de humedad. El aire era seco y limpio.

—¿Éste era todo el subterráneo? —preguntó con ironía.

—No seas impaciente.

Los dos hombres estaban ahora manipulando algunas botellas. Mifa comprendió que se trataba de una combinación secreta y, efectivamente, a los pocos minutos, una de las estanterías repleta de botellas comenzó a girar sobre sus goznes. Detrás apareció un corredor estrecho pero alto, iluminado por una débil luz que provenía del fondo.

Mifa siguió a la mujer y a los dos esbirros. Después de recorrer apenas cincuenta metros, desembocaron en un espacio iluminado cenitalmente. La sorpresa del muchacho fue doble: en la sala había un espléndido piano de cola blanco y, en una de las paredes, un cristal a través del cual podían verse todo tipo de aparatos. Evidentemente, aquello era un estudio de grabación.

La segunda cosa que maravilló a Mifa fue el techo, de donde provenía toda la luz de la sala: a pesar de sus grandes dimensiones, era todo de cristal transparente; pero no era eso lo más maravilloso: al otro lado del cristal se veían nadar peces de colores y, un poco más arriba, se adivinaba la silueta de los cisnes. ¡El estudio se encontraba debajo del estanque del jardín!

—El agua es un excelente aislante, ¿sabes? —le comentó Utmila—. Pero ahora quizá deberías concentrar tu atención en el piano. ¿No te dice nada?

Fue como un relámpago. Mifa se llevó la mano a la boca:

—¡El Rubinstein! ¡Es el piano blanco de Rubinstein! ¡El que robaron hace años del teatro Mavrinski!

Artur Rubinstein (1886 - 1982), polaco de origen judío, es uno de los mejores pianistas que han existido. Son famosas sus interpretaciones de Chopin.

—El mismo, querido. Aunque en realidad no se trató de un robo. Digamos que fue la justa compensación por el arte de una pianista insuficientemente reconocida. Ahora está a tu disposición.

Mifa se acercó al instrumento, levantó suavemente la tapa y retiró la banda de terciopelo blanco que recubría el teclado y sobre la cual, recamado en oro, podía leerse el nombre del inmortal pianista, el mayor sin duda de todos los tiempos desde Chopin. Apoyó el dedo sobre la nota *la* de la escala central. El estudio de grabación amplió el maravilloso sonido de 440 herzios de aquella nota maestra.

Para que todos los instrumentos del mundo tuvieran la misma afinación, en la Conferencia de Londres de 1953 se decidó asignar a la nota la de la escala central del piano un sonido equivalente a 440 vibraciones por segundo.

—¡Es grandioso! —exclamó, en un éxtasis, el muchacho.

—Es tuyo —apostilló la mujer.

Intermedio

¿Está realmente la policía tan despistada como cree Utmila? ¿Es el que conduce al piano el único pasadizo que existe en esa mansión?

5

Papá, te presento a Georgei

Sosteniendo entre las manos el periódico donde venía la publicidad del disco de Mifa Shol, Rudi Pavlov, policía de Moscú, empezaba a entender por dónde iban las cosas. Hacía tiempo que el caso del pianista secuestrado había pasado a un segundo plano, ante la certeza de que no se disponía del menor indicio para su búsqueda; pero ahora se presentaba de nuevo, después de quince meses, en toda su crudeza. Mifa Shol no había muerto; ésa fue la hipótesis que alegremente sostuvo la policía para poder dedicarse a otra cosa. Mifa Shol estaba vivo. "Y coleando", pensó el pianista divertido, por referencia al piano de cola.

Los primeros pianos que existieron, a finales del siglo XVII, fueron todos "de cola" (como su predecesor, el clavicémbalo). El primer piano "vertical" se fabricó en 1739.

Aquella mañana, la siguiente a la aparición del disco en el mercado, acudió al despacho y se encontró con una doble sorpresa: la primera, bastante previsible, era que la Jefatura de Policía había decidido reabrir el caso; la segunda, menos previsible, era que el caso, esta segunda vez, se lo habían encomendado a otro. Y nada menos que al odiado Sergei Sergeirov, un advenedizo indigesto que hasta llevaba larga la uña del dedo meñique...

—¿Se puede? —era Natalia, la hija, quien, sin esperar respuesta, entró en el cuarto de su padre. No estaba sola. La acompañaba un hombre delgado, calvo, con gafas de concha y exquisitamente vestido a la antigua.

—Te presento a Georgei Bulova —empezó a decir la muchacha—. Es un compañero de abono del teatro Mavrinski. Hace tiempo que nos conocemos.

—Mucho gusto —saludó Rudi con desgana.

—Lo he traído por lo del secuestro de Mifa Shol.

Ante aquel nombre, las antenas del inspector se enderezaron rápidamente. Volvió a mirar al individuo: tenía toda la pinta de un sabio despistado, o de un artista con problemas de alimentación...

—Perdone, no he entendido bien su nombre...

—Georgei Bulova, para servirle. Soy crítico de arte de la revista *Isvetia*. En concreto, su crítico musical.

—¡Es el mejor crítico musical de Rusia! —intervino Natalia con entusiasmo—. ¡El mejor del mundo, el único!

—Entiendo. ¿Y si he oído bien..., dice que sabe algo referente al secuestro del señor Shol?

—En realidad, la idea de venir ha sido de Natalia —protestó el hombre tímidamente—. Yo no tengo más que una teoría...

La muchacha se acercó a su padre y se sentó frente a él, dejando a Georgei de pie.

—Es una teoría estupenda. Está seguro de saber quién tiene secuestrado a Mifa Shol. Y yo le creo absolutamente.

—Debo decirte —añadió el policía con cierto cansancio— que ya no soy yo el encargado de ese caso.

—¿Y qué más da? Lo volverás a ser apenas se sepa que eres el único que sabe dónde hay que buscar.

—Pero lo mío no es más que una suposición... —volvió a protestar el músico con un hilillo de voz—. No quisiera mezclarle en algo que después se demuestre falso...

—¿Y quién ha dicho que me voy a mezclar? Pero escuchar no me cuesta nada. Tanto más que ahora ya no depende de mí este caso. ¿Podemos saber en qué consiste esa teoría?

—Pues verá —comenzó el hombre, siempre con la actitud de un conejo frente a una cobra—. Ayer mismo compré el disco de Mifa Shol que, como sabe, acaba de salir al mercado... No es que me sobre el dinero, y este disco quizá no me será reembolsado por la revista, pero...

—¿Se trata realmente de un disco suyo? —preguntó Rudi. Era la primera pregunta que le había venido a la mente apenas habia visto la publicidad sobre el periódico—. Quiero decir si es seguro que lo ha grabado Mifa.

—Eso es absolutamente seguro.

—¿No podría haberlo interpretado otro? Bastaba luego con poner una fotografía del chaval en la carátula del disco…

—Perdone, Rudi Pavlov. No quiero resultar ofensivo, pero… usted no sabe mucho de música clásica, ¿verdad?

—Ni mucho ni poco. Es un género que detesto. Creo que no sirve más que para dar pábulo a los peores apetitos de los burgueses hastiados. Pienso que los llamados "grandes músicos" han sido todos, o la mayoría, seres enfermizos, neuróticos, locos… Gente con una desesperada necesidad de ser escuchados, admirados; incapaces de afrontar la vida como personas normales… La música clásica es, a mi juicio, el refugio de los cobardes, de los débiles, de los afeminados...

—¡Papá!…

—Le recuerdo que yo me dedico a la crítica musical… —protestó Georgei no sin dignidad.

—Perdone, no quería molestarle. Respondía sólo a su reproche de que yo no sea un experto en música clásica.

—Se trata de un tema que quizá podríais discutir en otro momento, papá. Ahora creo que sería conveniente que escucharas la teoría de Georgei.

—Está bien, soy todo oídos.

Esta grabación de Rubinstein es histórica, mientras que Mifa no podría haber tocado nunca él solo las variaciones de Rachmaninov, porque se trata de una composición para piano y orquesta.

—Okey. Pues, como le decía, ayer por la tarde compré el disco de Mifa Shol. Llegué a casa y lo escuché todo de un tirón: es una interpretación soberbia, la mejor que se ha hecho nunca, quizá sólo comparable a la de Artur Rubinstein con RCA y la Sinfónica de Chicago. ¡Esa capacidad para destacar la melodía sin apagar el resto de la partitura, esos *glissando* en los que cada nota, cada dedo, actúa con la precisión de un reloj, los *staccati* que nacen del propio silencio…!

—Al grano, si no le importa, caballero.

—Al grano. Hay algo en esa maravillosa interpretación que me llamó la atención. Algo que me hizo sospechar si Mifa no habrá querido transmitirnos en ese disco algo más que su versión de una obra inmortal. Para ser claros: si no estoy equivocado, creo poder afirmar que en este disco el muchacho nos ha querido transmitir un mensaje.

—¿Un mensaje? ¿Qué tipo de mensaje?

—En el disco, si se escucha bien y si mi teoría es verdadera, se encuentra el nombre propio de una persona, con nombre y apellido. Y me pregunto si no bastaría seguir la pista de esa mujer para dar con el sitio donde lo tienen secuestrado...

—¿Lo ha secuestrado una mujer?

—Eso si mi teoría es verdadera...

—Siga. Le escucho con atención.

Y, efectivamente, Rudi Pavlov, policía de Moscú, empezaba a encontrar todo aquello verdaderamente fascinante.

Intermedio

¿Es verdad la hipótesis de Georgei? ¿Cómo se puede mandar un mensaje a través de una interpretación pianística? ¿Y de qué mensaje se trata?

6

Un policía con las uñas largas...

Sosteniendo entre las manos el periódico donde venía la publicidad del disco de Mifa, Sergei Sergeirov, policía de Moscú, se extraía del oído el cerumen con la uña larga del meñique izquierdo. Le acababan de confiar aquel caso, el caso que su colega Pavlov no pudo de resolver en casi año y medio, y estaba dispuesto a demostrar a todos que él no era tan incapaz como aquel incapaz de Rudi.

"Este disco será el hilo que me llevará hasta el ovillo" —pensaba—. "Alguien lo tiene que haber grabado, y yo lo averiguaré. A alguien irán a parar los beneficios de las ventas..., y yo lo averiguaré. Me parece que estamos ante un caso para nada difícil".

Volvió a pulsar el interfono. Al otro lado respondió su secretaria.

—¿No ha llegado todavía el compañero Ivanovich? —y ante la negativa de la mujer, continuó—: Pero bueno, ¿cuánto se necesita en este país para ir a una tienda a comprar un disco?... Comprendo. Pero habrá más tiendas en Moscú...

El caso es que en las primeras seis tiendas que Ivanovich había recorrido el disco se había agotado ya desde primeras horas de la mañana.

—¿Es posible que haya en Moscú tantos melómanos? Nunca lo hubiera imaginado —comentaba para sí Sergei Sergeirov, mientras vaciaba en la papelera el cerumen acumulado en la uña de su dedo meñique.

Dos horas después volvió a sonar el interfono. La secretaria le informó ahora de que Ivanovich, por fin, había regresado, portando el disco en cuestión. Apenas los dos hombres estuvieron sentados frente a frente, Sergei comenzó a examinar el disco con detenimiento.

—Como me imaginaba —en realidad se había imaginado otra cosa bien diferente—, el disco no lleva ninguna indicación sobre quién lo ha grabado o quién está detrás de su producción. No hay ninguna indicación de sello discográfico, ni de fecha de grabación...

—Esto era previsible, capo. No podían ser tan tontos como para incluir esas referencias, que hubieran sido preciosas para la policía.

—Por supuesto, Ivanovich. No pensará que soy tan imbécil como para esperarme una cosa así... Tendremos que remontarnos hasta la empresa que se ha encargado de la distribución del disco. Alguien tiene que haberles confiado los ejemplares, las cajas…, ¡qué se yo!

—Ya lo he hecho yo, jefe. Se trata de la Multidisc, con sede en Londres. Pero me han asegurado los de la Interpol que todo se ha resuelto en el más completo anonimato: los llamaron por teléfono, les enviaron una primera copia para que comprobasen la calidad del producto y, a partir de ahí, cada paso fue dado con el más absoluto sigilo.

—¿Y los beneficios? ¿Es que nadie se va a enriquecer con esto? ¿No han dicho cómo quieren que les entreguen el dinero que el disco recaude?

—Sobre eso no saben nada aún. Les dijeron que, cuando llegue el momento, volverán a tener noticias de ellos.

—¡Maldita sea! Habrá que estar atentos para que ése sea el momento de la detención. ¿No está de acuerdo, Ivanovich?

—Ciertamente, señor. Ya he hecho intervenir el teléfono del presidente de la compañía Multidisc y de todos aquellos con quienes los secuestradores podrían ponerse en contacto.

—Bien. Ha hecho bien.

Llamaron a la puerta. Era la secretaria.

—Señor Sergeirov, hay aquí una persona que trae un mensaje personal para usted. Dice que tiene que entregárselo en su propia mano.

—¿Un mensaje? A ver, déjeme ver.

Un chico joven, con el uniforme de una conocida empresa de mensajeros se adelantó. El inspector tomó el sobre, sin remite alguno, y que no presentaba nada de irregular o sospechoso. Lo abrió. Dentro había un elegante papel doblado y, escrito con caracteres normales de ordenador, el siguiente mensaje:

"Los beneficios obtenidos por el disco *Rapsodia sobre un tema de Paganini*, de Mifa Shol, deben ser entregados en su totalidad a la obra social Hospitales Infantiles para Enfermedades Incurables. Esperamos de la probada honradez de la policía que colabore en la realización de esta meritoria obra".

Naturalmente, el folio iba sin membrete y no contenía firma alguna.

—¡Encima, nos va a tocar hacer de recaudadores!

Al arrojar con furia el sobre sobre su mesa de despacho, el policía se rompió la larga uña del meñique izquierdo. Hacía cinco años que no se cortaba aquella uña, que la cuidaba con esmero..., y ahora aparecía atravesada por una grieta!

—¡Me las pagarán! —fue todo lo que alcanzó a decir, contemplando desolado su uña rota.

Intermedio

¿Por qué los secuestradores han decidido renunciar a los beneficios de este primer disco?
¿Será irreparable la rotura de la uña del comisario Sergeirov?

7

La fuga

Mifa llevaba año y medio encerrado en aquel palacete de las afueras de Moscú. Empezaba a pesarle su cautiverio. Después de la crisis de los primeros meses, debía confesar que, por un tiempo, se había adaptado a aquel régimen suntuoso de vida. Había grabado la *Rapsodia* de Rachmaninov y ahora estaba preparando las cuatro *Baladas* de Chopin. Aunque en su presencia nunca había tocado el piano, Utmila se había revelado con él una maestra exigente.

Las Baladas de Chopin describen ambientes románticos y cada una tiene como argumento una leyenda.

—Las *Baladas* son una pieza archiconocida, querido Mifa. Aquí no te puedes permitir ni el más ligero error.

—¿Error? —respondidó Mifa sobresaltado. Él era consciente de que en el disco precedente se habían producido, efectivamente, algunos ligerísimos gazapos.

—No digo que en el otro disco los hubiera. Pero ésta, además, debe ser en absoluto la versión más maravillosa que se pueda adquirir. Sobre Rachmaninov, algún crítico se atrevió a decir que tu versión era inferior a la de Rubinstein. Con ésta tienes que hacer frente no sólo a Rubinstein, sino también a Michelangeli, Zimmerman, Pogorelich, la Pires... Grabaremos hasta que el resultado sea absolutamente perfecto.

Zimmerman, Michelangeli, Pogorelich, la Pires... son nombres de otros tantos pianistas famosos de nuestros días.

Habían pasado ya dos meses desde que el primer disco saliera al mercado. Y nada.

"He sido demasiado ingenuo al creer que alguien iba a recoger mi mensaje", —pensaba Mifa—. "Y me he arriesgado inútilmente a ser descubierto".

Fue entonces cuando Mifa comenzó a plantearse en serio la posibilidad de una fuga. Sabía que no estaba lejos de Moscú. Por otro lado, el parque que rodeaba la finca no podía ser infinito: por algún lado debía pasar una carretera, gente... Es verdad que desde cualquier punto de la casa todo lo que se veía era bosque, árboles...

—Me gustaría dar de vez en cuando algún paseo un poco más largo por el bosque —dijo un día a Utmila—. Comienza a pesarme estar siempre rodeado por el mismo paisaje.

—Me temo que eso va a ser imposible, querido —respondió la mujer—. Comprende que eso podría poner en peligro nuestra operación.

—Le recuerdo que mis interpretaciones son parte esencial de esa operación. Y me temo —continuó el muchacho— que, de seguir así, mis interpretaciones acabarán por no estar a la altura de lo que se me pide.

Fue así como comenzaron los paseos de Mifa por el bosque, siempre acompañado, naturalmente, de alguno de los esbirros de aquella mujer. Y fue también así como llegó a conocer mejor a uno de ellos, Boris.

Boris tenía, por lo menos, quince años más que el chico; pero su aspecto era muy juvenil, además de que físicamente era un perfecto ejemplar de gimnasta.

—Te he escuchado tocar le piano —le dijo el hombre un día—. Me pregunto cómo se puede hacer para tener esa agilidad en los dedos, que apenas se ven cuando corren por el teclado, esa capacidad para que cada mano vaya por su lado y, sobre todo, cómo haces para retener en la cabeza tantísimas notas, tantísima música, porque veo que tocas sin partitura.

—También tú eres capaz de independizar un pie de otro mientras andas. Y no tienes que pensar en cada momento qué músculo de la pierna o qué huesecillo del pie debes activar mientras caminas... En realidad, llega un momento en que ya no te preocupa la realización física del acto de tocar... Supongo que es una cuestión de hábito.

—¡Hay que valer! —comentó el hombre, cerrando el discurso.

En uno de esos paseos, Mifa había oído claramente ruido de coches, por lo cual imaginó que hacia aquel lado se encontraba la carretera. Naturalmente, no lo comentó ni preguntó nada al respecto. Pero grabó en su mente el ángulo del parque donde se encontraban.

—¿No te pesa estar aquí secuestrado? —preguntó otro día Boris, quien, aunque no era su único acompañante, procuraba ocupar ese puesto, porque se encontraba a gusto con el muchacho—. Lo digo porque yo tuve una experiencia parecida...

—¿Estuviste secuestrado?

—No exactamente. Estuve con mi familia en un campo de refugiados cuando era niño. Tampoco allí podíamos ir más allá de la alambrada: siempre los mismos rincones, las mismas caras... Sólo que la comida no era tan buena como aquí. Claro que a ti te gusta tocar y te pasas tocando todo el día... ¿No echas de menos a tu familia?

Con este tipo de diálogos surgió entre los dos una especie de amistad. Incluso Mifa hizo alguna demostración al piano en honor del hombre, y Boris, que era el encargado del estanque, había por su parte enseñado al chico una serie de cosas sobre los peces y el mantenimiento del agua.

—¿No es extraño? Los peces fuera del agua se mueren. Nosotros nos morimos dentro del agua... Y, sin embargo, también nosotros procedemos del agua, y todos fuimos peces en el origen del mundo...

Mifa había intentado muchas veces llevar la conversación hacia el tema del secuestro y de la libertad, hasta el punto de que, un día, Boris lo interrumpió.

—No, Mifa. No sigas. Sé que me estás tentando, que pretendes que yo te ayude a escapar. Pero no puedo. Si lo hiciera, no corro el riesgo sólo yo, sino también mi familia. En la Rusia de hoy, a cierto tipo de mafia no se la puede engañar y seguir vivo.

—Pero Utmila no tiene nada que ver con la mafia —protestó el chico. De todos modos, Boris, a partir de aquel momento, se había mostrado mucho más reservado.

Mifa comprendió entonces que la huida era un asunto exclusivamente suyo..., aunque estaba convencido de poder contar con la complicidad de Boris cuando llegase el momento, con tal de que no se viera implicado directamente.

Y empezó a pensar en ello obsesivamente.

Intermedio

¿Aceptará Boris participar en la huida de Mifa?
Si estuvieras en el lugar de Mifa, ¿cómo planearías ecapar?

8

Un himno a san Juan Bautista

La teoría de Georgei Bulova parecía, a primera vista, un puro disparate. Sobre todo para alguien que, como Rudi Pavlov, no entendía ni papa de música clásica.

—Pero ¿no te das cuenta, papá? —insistía, sin embargo, su hija Natalia—. ¡Es sencillamente extraordinario! ¿Por qué, si no, iban a aparecer exactamente esas notas y no otras?

No era sólo lo peregrino de la teoría. Era que, además, y en el caso de que fuera cierta, el resultado era desconcertante. Aquel nombre propio que, según el crítico musical, podía leerse en la grabación de Mifa era un nombre fuera de toda sospecha. Una mujer que ni siquiera estaba fichada en los archivos de la policía, donde estaban fichadas prácticamente tres cuartas partes de los habitantes de Rusia...

—¿Comprende? —le explicó Georgei—. La interpretación de Mifa Shol es sencillamente deslumbrante. Por eso no tiene explicación que haya cometido estos pequeñísimos errores en lugares sin mayor dificultad, si no es porque lo ha hecho deliberadamente...

—¡Y que sólo un crítico de tu categoría ha podido descubrir! —apostilló Natalia, cuyo entusiasmo por Georgei era absoluto.

—Las variaciones compuestas por Rachmaninov sobre la melodía de Paganini son 23. Pero sólo en las ocho primeras hay ligerísimos errores. Para ser exactos, sólo en siete de esas ocho, porque la cuarta es absolutamente perfecta. Mire: en la primera variación, en uno de los temas secundarios, aparece un MI donde debiera haber, según la partitura, un DO. Y lo mismo sucede en la segunda, ha tocado un SOL en el lugar del MI correspondiente y, en la tercera, un FA cuando debería haber un LA. La cuarta variación, como digo, es correcta. Pero a partir de la quinta vuelven a presentarse esos "gazapos", siempre en lugares de poca importancia y que no afectan a una audición normal del disco...

—Pero que no pueden escapar al oído de Georgei... —una vez más, Natalia aprovechó para hacer patente su admiración por aquel profesional.

—Entiendo —aceptó el policía—. Y es así como usted, sustituyendo las notas equivocadas por las que deberían haber sido utilizadas, es capaz de leer en las tres primeras variaciones DO-MI-LA...

—... Que no tendría ningún significado si no fuera porque, a la vista de lo que sigue, me planteé si no debiera sustituir la nota DO por su verdadero nombre original, que históricamente era UT (nombre que, por cierto, sigue utilizándose en Francia en nuestros días). Ya sabe usted que las notas actuales toman su nombre de un himno en latín a san Juan Bautista, y que comenzaba "Ut quaeant iustus...".

Himno a san Juan Bautista. (Mira en La banda del sin-vergüenza, en la página 94.)

—Al grano, se lo suplico.

—Quiero decir que, sustituyendo el DO por el UT, la palabra adquiere un significado, y se convierte en UTMILA.

—Y, según usted, después de la pausa de la cuarta variación, donde no hay errores y que podría significar un espacio separatorio...

—... Vienen las variaciones quinta a octava, con errores equivalentes a una nota LA, a un MI, a un DO y a un FA...

—Que permiten leer LA-MI-DO-FA...

—O LAMIDOVA, teniendo en cuenta la isofonía entre la F y la V. Utmila Lamidova, una de las mayores pianistas que ha dado Rusia, y de la que nada se sabe desde hace al menos diez años.

—¡Es sencillamente asombroso! —exclamó Natalia, fuera de sí.

—Es verdaderamente ingenioso..., pero muy arriesgado.

—¡Inténtalo por lo menos, papá! Investiga qué ha sido de esa mujer, qué hace, dónde se encuentra... Estoy segura de que Mifa ha querido decirnos que ella es la clave de este secuestro.

Acostumbrado a no dejar escapar ninguna pista, Rudi Pavlov se lanzó a investigar también ésta. Los primeros controles en los archivos de la policía, como hemos dicho, no dieron ningún resultado. Ulteriores comprobaciones, sin embargo, le aclararon mucho las cosas. Y fue así como descubrió que Utmila Lamidova, otrora pianista famosa, había muerto ocho años antes, pobre, medio loca y abandonada de todos, en un hospital psiquiátrico de beneficencia en la ciudad de Kiev.

Intermedio

¿Te parece creíble la teoría de Georgei? Si Utmila ha muerto, ¿quién es la mujer que tiene secuestrado a Mifa Shol?

9

"Finale prestissimo"

—¿Desde cuándo trabajas a las órdenes de Utmila? —preguntó un día Mifa a su amigo Boris.

—¡Oh, sólo el tiempo que llevas tú aquí! Antes, no la había visto en mi vida. ¿Por qué?

—Por nada... Pero me llama la atención su perfecto estado físico.

—Es una mujer joven...

—Es eso precisamente lo que me choca. Demasiado joven para haber hecho toda una carrera, haber corrido por todo el mundo, haber grabado cientos de discos...

—También tú eres joven —concluyó el hombre—. Y seguirás siendo joven cuando hayas hecho todo eso.

Por aquellos días, Mifa no pensaba en otra cosa que no fuera su huida. Todas las salidas de la casa estaban vigiladas día y noche. El único sitio sin vigilancia era el estudio de grabación, adonde Mifa tenía libre acceso siempre que lo deseara, pero que no contaba con otra salida que la que provenía de la cantina. Excepto si... Sobre el estudio de grabación estaba el estanque: el problema era cómo introducirse en él sin hacer que toda el agua inundase el estudio y el subterráneo.

La respuesta le vino en una conversación con Boris, cuando éste, de pasada, le comentó que la semana siguiente iba a llevar a cabo la limpieza de una parte del lago artificial, para lo cual vaciaría esa parte de él, mediante esclusas ya preparadas para ello cuando se construyó. Comentó que se trataba de una operación que se debería haber hecho mucho antes, pero que sólo desde que él estaba encargado del estanque había decidido llevar a cabo.

Mifa rogó a Dios que la parte seca fuera precisamente la que daba sobre el estudio de grabación.

***

Rudi Pavlov pensó de sí mismo que estaba loco. ¿Por qué debía hacer caso a aquel profesorzuelo que, encima, era crítico musical? Y, sin embargo, había accedido a seguir su intuición y, acompañado de él y de su hija Natalia, acudió aquella noche al lujoso palacete en las afueras de Moscú que, muchos años antes, había pertenecido a la pianista Utmila Lamidova.

—Reconozca que no tiene otra pista —insistió Georgei a la vista de los escasos resultados que Rudi había conseguido arañar de los archivos policiales—. Además, tengo un presentimiento...

Naturalmente, también ahora Natalia había secundado con entusiasmo el presentimiento de su admirado amigo.

Cierto que la noche, con una tormenta que descargaba sobre Moscú litros de agua y una batería completa de truenos y rayos, no invitaba en absoluto a ponerse en marcha. Pero, aun así, salieron.

Llegar al gran portón de hierro que daba acceso al parque y al palacete no fue difícil. Allí se encontraban ahora Rudi, Natalia y Georgei. El problema era cómo entrar.

—No debemos en absoluto llamar la atención de los ocupantes, quienquiera que sean. Así que habrá que ir por las bravas —afirmó Rudi—. Saltaré la valla. Esperemos que no haya perros en los alrededores...

—Iré con usted —sugirió Georgei.

—De ningún modo. Perdone si le parezco grosero, pero, sinceramente, creo que su compañía sólo me serviría de estorbo.

Dicho lo cual, saltó la verja, dejando al crítico y a Natalia dentro del coche que los había llevado hasta allí. Y fue desde el coche desde donde los dos pudieron ver, a los pocos minutos, otro coche, esta vez de la policía, que se acercaba por la carretera bajo la lluvia.

—Escondámonos —sugirió Georgei—. No me apetece nada tener que justificar a la policía mi presencia aquí.

Rudi Pavlov fue interceptado, veinte metros antes de llegar a la entrada del palacete, por un esbirro que lo doblaba en peso y en estatura. Con pocas palabras, se limitó a sujetarlo con una llave. Y así sujeto, chorreando como una sopa, lo llevó a la presencia de la supuesta Utmila.

En contra de lo que esperaba, Rudi se encontró ante una mujer encantadora, que no puso la menor objeción a que registrara la casa siempre y cuando, eso sí, trajera una orden policial de registro... Porque en caso contrario, que era el real, se vería obligada a denunciarlo a la policía por allanamiento de morada.

Rudi se maldijo por haber hecho caso a aquel criticucho musical, y estaba ya a punto de deshacerse en disculpas y humillarse ante aquella rubia esplendorosa, cuando irrumpió en la casa, con gran estrépito, la policía de Moscú, al mando del detestado Sergei Sergeirov, con su uña rota y todo.

—¡Buena intuición, colega! –dijo, saludando a Rudi, mientras los policías que lo acompañaban comenzaban a inmovilizar a la rubia y a sus compinches—. Y buena intuición también la mía, por haber hecho que te siguieran desde el primer momento. Sabía que no te quedarías quieto, a pesar de que te hayan retirado del caso. Lo que quizá tú mismo no sabes es quién es esta mujer que tienes delante...

Mientras en la casa sucedía todo este trajín, fuera del recinto Natalia y Georgei habían salido de su escondite apenas el coche de la policía, haciendo saltar el cancel, había entrado en el parque.

Se estaban preguntando qué era todo aquello y qué estaba pasando, cuando vieron acercarse hacia ellos bajo la lluvia a un chico joven, de no más de quince años, con el cabello negro y rizado y unas pobladas cejas, herencia de quién sabe qué antepasado de la estepa.

—¿Pueden ayudarme, por favor? – fue lo primero que dijo, ante el asombro de ambos—. Soy Mifa Shol. Me he cortado la mano al romper unos cristales...

Efectivamente, la mano derecha del muchacho sangraba abundantemente.

***

Pero la cirugía hoy día hace milagros. No había pasado ni un mes y Mifa Shol daba en Moscú un concierto que fue retransmitido por televisión a todo el mundo. En primera fila se encontraban sus amigos Georgei Bulova y la deliciosa Natalia Petrov, que lo miraba embelesada y también el padre de ésta, Rudi, que había accedido, por primera y única vez en su vida, a asistir a un concierto de música clásica.

Final

Algunas preguntas de este relato quedan sin respuesta: ¿Quién era en realidad Utmila Lamidova? ¿Ha ayudado de alguna manera Boris a Mifa a escaparse? ¿Qué pasará en el futuro entre Mifa y la encantadora Natalia? Te dejamos a ti la tarea de responder con tu fantasía a estas y otras preguntas que puedan planteársete.

Si quieres, mándanos tus ideas a:

El Barco de Vapor SABER - C/ Joaquín Turina, 39 28044 Madrid

Indicando en el sobre "¡Qué fuerte es la música!".

¡ATENCIÓN!

Si traspasas esta puerta tendrás acceso al saber antiguo y profundo que ha llenado de significado la vida de miles de hombres y de mujeres antes de ti.

En las páginas que siguen, ellas y ellos te esperan para compartir con tigo lo mejor de sus conocimientos.

Por eso, SÓLO si quieres seguir tú también la senda que lleva al SABER, pasa esta página y lánzate a la mágica aventura del conocimiento.

¡QUE LA CIENCIA TE ACOMPAÑE!

La puerta del saber

¿Tú podrías vivir sin música?

Imagínate que el hombre no necesitase para subsistir más que comer caracoles, por ejemplo: pues seguro que le gustaría también probar patatas y otras cosas. Porque algo típico del hombre es que dedica mucho tiempo a hacer cosas que no le son estrictamente necesarias para subsistir.

El arte y la mayor parte de lo que llamamos cultura son eso, cosas "inútiles". También la música es "inútil". Pero cuando queremos explicarnos mejor o expresar algunos sentimientos, echamos mano no sólo de las palabras o de los gestos: utilizamos la música.

La música amansa a las fieras

Vivimos rodeados de música: sale música de la tele, de la radio, del tocadiscos, del ordenador, de las discotecas, de los conciertos... ¿Te imaginas cómo sería una vida entera sin nada de música? Lo que quizá no te has preguntado nunca en serio es

La música es uno de los medios mejores que existen para sacar todo lo que llevamos dentro: emociones, sentimientos, furia, ganas de vivir...

por qué te gusta la música. La música, al contrario que otros ruidos, nos gusta, en primer lugar, porque "sienta bien" al oído: está hecha de armonías, de sonidos conjuntados, cuya audición nos produce placer, no molesta. Por eso decimos que las ondas (las vibraciones) que produce la música son "armoniosas", que no se pelean entre ellas.

La música nos gusta, además, porque acompaña nuestros estados de ánimo: un ritmo marchoso nos hace mover el esqueleto; un *rock* duro nos sirve cuando nos apetece gritar nuestra rebeldía; un ritmo lento nos viene de perlas cuando nos sentimos románticos...

La música, expresión del alma humana

La música es uno de los mejores medios que tenemos para sacar todo lo que llevamos dentro: emociones, sentimientos, furia, ganas de vivir, alegría... La música es una gran compañera en la aventura de vivir intensamente.

Pero para que exista música (canciones, sinfonías y todo lo demás) hace falta gente que se dedique a ello. Ésos son los músicos, gente que "sabe" de música. Porque la música es, además de un arte, una ciencia. Tiene sus reglas, sus teorías...

En este libro hablaremos un poco de algunos conceptos de esa ciencia... para disfrutar mejor ese arte.

Así que vámonos con la música a otra parte. ¿Nos sigues?

¿Cuándo se inventaron los discos?

Durante miles de años, o la música se escuchaba en directo (con los músicos delante) o no se escuchaba. Nadie podía permitirse el lujo de tener música en casa... a no ser que se pusiera a cantar o a tocar un instrumento.

Rollos de cera, discos de pizarra

Los primeros sistemas de grabar música, a finales del siglo XIX, fueron curiosamente muy parecidos a los que se habían utilizado hacía miles de años para grabar la escritura sobre tablas de arcilla: se trataba de cilindros de cera dura donde una aguja trazaba surcos más o menos profundos según la intensidad del sonido (proveniente de una membrana que vibraba). Luego otra aguja, siguiendo esos surcos, reproducía el sonido, que se amplificaba hasta hacerlo audible (en medio de un follón de otros ruidos, claro). Como la cera era muy frágil, y,

Durante muchos siglos nadie pensó en grabar la música, que se podía escuchar sólo en directo. Los primeros sistemas de grabación fueron bastante rudimentarios.

además, cada uno de aquellos cilindros podía contener como máximo un minuto de música, se recurrió a una piedra blanda, la baquelita o "pizarra", que se grababa como si fuera un libro, imprimiéndole los surcos de un original "en negativo". Luego, y siempre con la ayuda de otra aguja, se reproducía el sonido. Los discos de pizarra eran enormes; pero como giraban a 78 revoluciones por minuto y se grababan por una sola cara (a partir de 1912, por las dos), también se acababan en seguida (unos siete u ocho minutos). La primera grabación de la ópera *Ernani*, de Verdi, ocupaba ¡cuarenta discos! grabados por una sola cara.

Los discos "analógicos"

El sistema siguiente de grabación (estamos ya en 1948) representó una gran novedad: el material cambió de la pizarra al plástico (el cloruro de polivinilo", un derivado del petróleo) que se podía grabar por arriba y por abajo y era "irrompible" (teóricamente). Los surcos se miniaturizaron (se les llamó "microsurcos") y se hizo girar el disco a sólo $33\frac{1}{3}$ revoluciones por minuto: así era posible almacenar mucha más música. Este sistema de grabación se llama "analógico" porque la señal eléctrica que manda varía continuamente (como veremos, en el digital se reduce a sólo dos movimientos), es decir, es un sistema de reproducción más parecido ("análogo") a como se produce el sonido de verdad. Allá por los años sesenta se popularizó la *cassette* ('cajita', literalmente), cuyo sistema de grabación y de reproducción se basaba en la orientación magnética dada a las partículas dispuestas sobre una cinta.

¿Qué es un "compact disc"? ¿Y un DVD?

Frente a los 30 centímetros de diámetro de un long play, *el* compact disc, *lanzado a finales de los años ochenta y con sólo unos 12 centímetros, es una especie de sándwich con un sustrato de policarbonado, una superficie metalizada donde se graba el sonido y una capa protectora.*

Ceros y unos, unos y ceros

En vez de encargar a una aguja la grabación y reproducción del sonido, éste se confía al rayo láser, y se utiliza una combinación de unos y ceros (lo que se llama sistema "binario" o digital). Esto quiere decir que la señal eléctrica utiliza sólo dos "movimientos", que en realidad corresponden a circuito abierto / circuito cerrado. Este "abrir o cerrar" se registra en el disco mediante milimétricos *pits* o agujeros (cada segundo de sonido se divide en células sónicas, cada una de las cuales tiene su propia combinación: hay hasta 65.000 posibilidades). Naturalmente, esto es posible porque existen aparatos con capacidad para leer muy rápidamente estas combinaciones y transformarlas otra vez en sonido (44.000 puntos por segundo).
Pero ¿es posible "reducir" la música a matemáticas?

Los modernos sistemas de almacenamiento de sonido e imagen hacen prácticamente infinita la capacidad de almacenar y reproducir sonidos e imágenes.

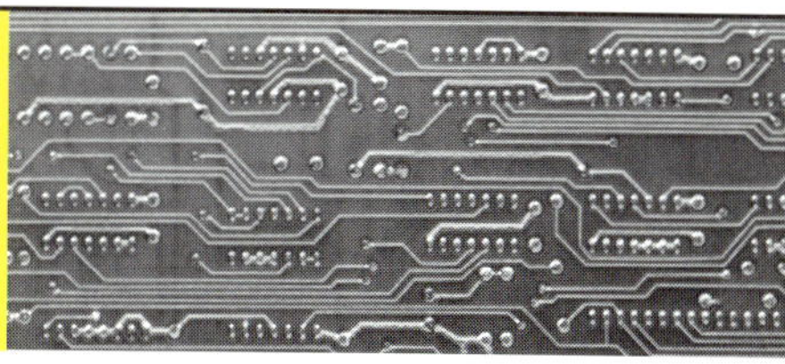

Curiosamente, ya Pitágoras, un filósofo griego de hace 2600 años, había visto la relación estrecha entre música y matemáticas. Él lo decía después de estudiar la correspondencia entre la longitud de una cuerda (de guitarra, por ejemplo) y el sonido que emite según que se la haga más larga o más corta.

Y ahora llega el DVD

El *compact disc* parecía la última palabra, pero no han pasado ni diez años y ya se lanza al mercado el DVD. DVD son las siglas de *Disco Versátil Digital*, es decir, disco que, además de sonido, es capaz de registrar también imágenes y hacer otras muchas "virguerías". A esto se añade que ha multiplicado su capacidad de almacenar (puede contener siete veces la música de un compacto normal) y de incorporar imágenes.

No sólo esto: al contrario que los *compact disc*, permite grabar por las dos caras, borrar y volver a grabar tanto sonido como imagen...

Pero ¿te has fijado en que, sean cuales sean los sistemas, los contenidos siguen siendo prácticamente los mismos? Las sinfonías de Beethoven, las sonatas de Bach, la obra de Mozart..., todo ello compuesto hace más de doscientos años. Cambia el soporte, la música permanece.

¿Es la música como un filete?

Un filete es un filete: se puede cortar, lo puedes freír, te lo puedes comer. Pero ¿qué es la música de La guerra de las galaxias, *por ejemplo? Sólo aire, ondas, vibraciones, sonidos que desaparecen apenas producidos.*

Un libro de literatura permanece, lo mismo que un cuadro, una estatua, un bello edificio... La música es sólo aire, es la más etérea de las artes.

¡No sé adónde vamos a llegar!

Hasta hace poco, se definía la música como opuesta al ruido. Hoy sabemos que hay música moderna, incluso de grandes compositores, que está muy cerca del ruido. Lo mismo pasa con las separaciones entre música "clásica" y moderna: el mismo compositor que compone una sinfonía te compone luego la música para la película *West Side Story*. O un cantante que formaba parte de un conjunto de *rock* se descuelga de pronto con una ópera; Montserrat Caballé, cantante de ópera, grabó con Freddie Mercury, solista de Queen...

El fin fundamental de conocer la música es disfrutarla mejor, como quien sabe de fútbol es capaz de gozar de un partido mejor que quien no sabe.

Conocer mejor para disfrutar más

Quien nunca ha seguido un partido de fútbol encontrará bastante ridículo que veintidós señores en calzoncillos se dediquen a pegarle patadas a una cosa redonda. En cambio, si se conocen las reglas, si uno sabe lo que hay detrás de cada jugador, si se ha seguido con emoción la liga cada domingo..., el placer de asistir a un partido de fútbol se multiplica al infinito. Lo mismo pasa con la música: una cosa es dejarse invadir por los sonidos (y está bien), y otra, ser capaz de reconocer estilos, armonías, saber relacionar esta música con la música de otros autores, de otras épocas; seguir el papel de cada instrumento, valorar la armonía, apreciar los matices que un director introduce con respecto a otro...

Algunos jóvenes se preguntan cómo puede gustar la música clásica, que a ellos les parece aburrida. Es lo mismo que se preguntan los viejos sobre la música moderna. Unos y otros están reduciendo la totalidad de un arte que no sabe de fronteras.

En las páginas siguientes vamos a hablar un poco de teoría musical. Esperamos que funcione como un trampolín que te abra las ganas de conocer mejor la música... para disfrutarla más.

¿Ha existido alguna vez el silencio total?

Vivimos rodeados de ruidos, pero apenas nos damos cuenta. Nos llaman la atención sólo los ruidos que se salen de lo normal: una moto sin tubo de escape, una explosión, un grito de terror en la noche...

Para que se produzca un sonido son necesarias dos cosas: que algo vibre (si todo estuviera totalmente quieto, no habría sonido) y que haya un medio que transmita esas vibraciones que, transformadas en ondas, viajan a una velocidad de 340 metros por segundo (¡más de 1200 kilómetros por hora!) en el aire.

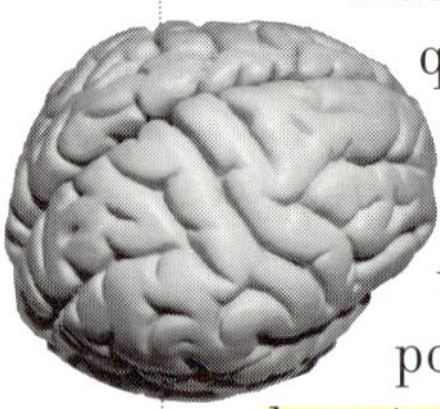

Cuando llegan a nuestros oídos, esas ondas ponen a vibrar nuestros tímpanos, y el cerebro interpreta estas vibraciones como "sonidos" (algo parecido a lo que sucede en las grabaciones musicales). Comoquiera que todo está en movimiento, aunque sólo sea porque en el universo todo gira, podemos decir que no ha existido nunca, ni existirá, el silencio total.

Tu mundo está lleno de sonidos

Cierra los ojos y "presta oídos" a tu alrededor: ¡te maravillarás de

Lo que nosotros llamamos "silencio" es, en realidad, infinitos ruidos amortiguados, más suaves que otros y que nos hemos acostumbrado a tener como fondo de nuestra vida.

cuántos sonidos existen y a los que generalmente no dedicas atención!: pájaros, árboles, ladridos, conversaciones, motores de coches, sirenas lejanas, el ordenador, los pasos de la gente, el tictac de un reloj, el zumbido de la nevera, el ronroneo de un fluorescente... Hasta en tus momentos más silenciosos hay sonidos: el de tu respiración, el de los latidos de tu corazón... Según algunos, ¡el aire está también lleno de mensajes de otros mundos! Generalmente se considera sonido "musical" aquel cuyas vibraciones son homogéneas, es decir, forman en el aire ondas regulares. En cambio, se habla de ruido cuando las ondas van "a su aire", muy distintas unas de otras.

La música, naturalmente, pertenece al primer grupo. Pero la diferencia no es siempre tan clara ni tan sencilla.

También los planetas cantan

Hemos dicho que todo lo que se mueve produce vibraciones y, por tanto, sonidos. Eso quiere decir que también los planetas, girando por el universo, producen ondas y sonidos. Por eso alguien ha hablado de "la música del universo". Y es verdad: lo que pasa es que, al no haber aire, esos sonidos no se propagan. Y, naturalmente, al no haber nadie en los alrededores (¿Hay alguien ahí?), tampoco hay quien escuche su "música".

¿Oyen música las piedras?

Si la música son ondas homogéneas, quiere decir que la música no la producen sólo los hombres. La naturaleza está llena de sonidos musicales.

Basta que salgas al campo y descubrirás "la música de la naturaleza". He aquí algunos ejemplos:

El viento canta

Cuando hace viento, si pasa por una rendija, produce un ulular; si mueve las hojas de los

árboles, también éstas suenan, y con distinta intensidad, dependiendo de la fuerza con la que son movidas. En Egipto hay unas estatuas (los Colosos de Menón) que representan al faraón Amenofis III y que en la Antigüedad se decía que hablaban, porque el viento pasaba a través de algunas rendijas producidas por la erosión en la piedra. Mucha gente acudía desde lejos a escuchar su "música" (todavía hoy se pueden leer, grabados en la piedra, *graffiti* del tiempo de Nerón).

Cuando se vive en una ciudad nos olvidamos de que la naturaleza está llena de sonidos: una música que existía ya antes de que los hombres habitasen este planeta...

La música del agua

También el agua produce muchos sonidos. Fíjate, por ejemplo, en los arroyos, el agua choca contra las piedras, las rocas, las orillas..., produciendo sonidos muy agradables.

Otro sonido del agua es el de las cascadas, que puede llegar a ser impresionante en las grandes cataratas (el sonido que hace el agua al precipitarse desde 49 metros de altura en las cataratas del río Niágara se puede oír desde cinco kilómetros antes de llegar). También suenan las olas del mar. (¿Has escuchado alguna vez el mar de noche?)

Otro sonido espectacular del agua, ahora en forma de nieve, es el que producen las avalanchas al precipitarse, o los gigantescos témpanos de hielo al chocar unos con otros.

Eso por no mencionar el agua de las gotas de lluvia contra los cristales, tan agradable sobre todo en las tardes de invierno, cuando estamos dentro de casa bien calentitos.

Y lo mismo que del viento y del agua podríamos hablar de otros sonidos en la naturaleza: los lenguajes de los animales, el crepitar del fuego, los chasquidos de las piedras al enfriarse cuando se pone el sol, el producido por las alas de las águilas o el trotar de los caballos, los truenos, etc.

Aunque la música de la que trataremos en este libro es la que han inventado los hombres, es justo que no olvidemos la hermosa música que canta la Tierra desde el origen del mundo.

¿Cantaban los cavernícolas mientras se comían un mamut?

La música es un invento superantiguo. Se han encontrado representaciones de escenas musicales de hace cuarenta mil años.

La Biblia atribuye la invención de la música a un tal Yubal, tataranieto de Caín ("antepasado de los que tocan la cítara y la flauta"). Pero para hacer música ni siquiera hacen falta instrumentos, basta utilizar las vibraciones de las cuerdas vocales en la garganta humana: es lo que llamamos "canto".

Del sonsonete al canto

Ya cuando hablamos, cada uno de nosotros tiene una musiquilla propia. Por eso somos capaces de distinguir a un gallego de un andaluz, un grito de un susurro e incluso a

En nuestras sociedades, los políticos, los sacerdotes, los poetas o los vendedores ambulantes usan un tono especial (entre hablar y cantar) cuando están desempeñando sus funciones.

Marijose de Josemari. Todavía hoy hay pueblos primitivos que repiten una y otra vez una misma frase..., o sueltan gritos al estilo de Tarzán.

¡Música, sumerio!

No sabemos si los cavernícolas cantaban —desde luego, no dejaron grabado ningún disco—, pero es muy probable que cantar sea tan antiguo como hablar. Lo que sí sabemos es que muchas culturas antiguas amaban la música. Así lo han representado, por ejemplo, los asirios en sus grabados, o los egipcios en los frescos de sus tumbas. Y de los chinos se conservan antiquísimos instrumentos musicales...

También son muy alegres los frescos de los etruscos, un pueblo que habitó Italia antes que los romanos. Por su parte, los griegos —gente dada a pensar, cosa rara—, fueron los primeros que teorizaron sobre la música, y hay quien dice que la *Ilíada* o la *Odisea*, dos de los poemas más antiguos que conocemos, eran en realidad letras de canciones kilométricas.

Entre los romanos es conocido el caso de Nerón, que se creía un grandísimo músico, o el de las bailarinas de Cádiz, que eran famosas en todo el Imperio romano y que ya entonces tocaban las castañuelas o crótalos. Pero después del Imperio romano, en los primeros siglos de nuestra era, la tradición de la música quedó reducida sólo a la música religiosa.

¿Se puede escribir el aire?

Imagínate que se te ocurre una canción estupenda y quieres que la oiga un señor de Australia: ¡basta mandarle una casete!
Pero en la Antigüedad no había casetes.

Por eso durante siglos mucha gente le dio al coco para inventar un sistema que permitiera a todos reproducir una música, aunque no la hubieran escuchado de viva voz, y que garantizase su transmisión a las generaciones del futuro.

A ver, tararéamelo...

La primera forma que se inventó para poner por escrito la música fue una simple raya. Sobre ella, o debajo de ella, se escribían las palabras de la canción, más arriba o más abajo, según su sonido. Luego cada uno, a la vista de aquella extraña colocación de las palabras, las tarareaba como le parecía. Naturalmente, era un sistema muy aproximado, y más que para interpretar la música servía para recordar algo que ya se sabía. Pero sirvió como primer paso.

El paso siguiente fue ampliar el número de rayas paralelas y colocar sobre ellas no ya las palabras mismas, sino unas manchitas, una mancha por cada sílaba del texto. Cuando las líneas llegaron a ser cinco (hacia el año 1500) se llamó al

Se tardó cientos de años antes de que se alcanzara un sistema de escritura para la música..., como se había tardado miles de años para encontrar un sistema de escritura de las palabras.

conjunto pentagrama, que no quiere decir más que cinco (*penta*, como pentágono) rayas o pautas (*gramma*, como gramática, que es la que regula el uso de la lengua). El pentagrama se usa todavía hoy.

Los frailes, unos copiones

Durante toda la Edad Media eran los frailes los que se ocupaban de copiar los manuscritos, tanto de texto como de música. Hacia el año 1000, Guido, un monje de Arezzo, en el centro de Italia (que por eso se llama Guido de Arezzo), pensó que ya estaba bien de repetir continuamente: "borrón en la segunda línea, otro borrón en el espacio entre la tercera y la cuarta...", y se le ocurrió ponerle un nombre a esos "borrones", un nombre para cada una de las siete notas conocidas.

Ahora bien, en vez de llamarlas *guidos* o *chuchis*, escogió como nombres de las notas las primeras sílabas de cada verso de un himno en latín a san Juan. Hoy nos parece muy normal hablar de SOL o de LA; pero a los primeros músicos debió de parecerles tan raro como llamarlas CLOC o PLAFF. *(Ver "La banda del sinvergüenza", página 96.)*

A afianzar este sistema contribuyó la imprenta, que hacia 1500 comenzó a imprimir también partituras musicales.

¿Por qué la música no es un peñazo?

No todas las notas suenan igual. Si así fuera, existiría una única nota, y la música sería un peñazo.

Pero tampoco creas que existen tantos sonidos diferentes: en la música occidental nos las arreglamos sólo con siete sonidos principales, y otros cinco intermedios. Todos los demás son múltiplos o equivalentes de esos siete.

¿De qué depende que el DO no sea RE?

Cada uno de esos siete sonidos: DO - RE - MI - FA - SOL - LA - SI, corresponde, en realidad, a un tipo de vibración distinta, que produce una onda diferente (¿recuerdas lo que dijimos en la página 60 ?). El RE vibra el doble de veces que el DO, el MI el doble de veces que el RE, etc. Para comprobarlo, hay un experimento muy sencillo: si haces sonar la cuerda de una guitarra, verás que cuanto menos la dejas vibrar (aplastándola con el dedo y haciéndola más corta) el sonido se hace más agudo. Para escribir en el pentragrama esta "altura" del sonido colocamos los "borroncitos" más arriba o más abajo, en las líneas o en los espacios entre las líneas. Así se forma la escala musical, que es ésta:

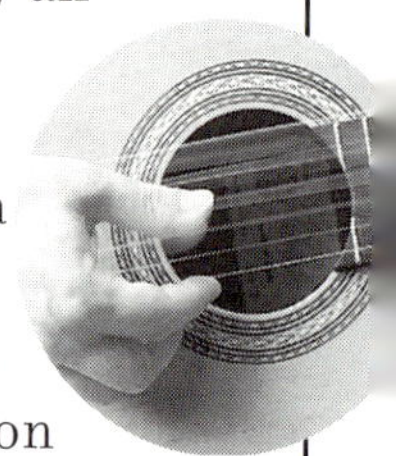

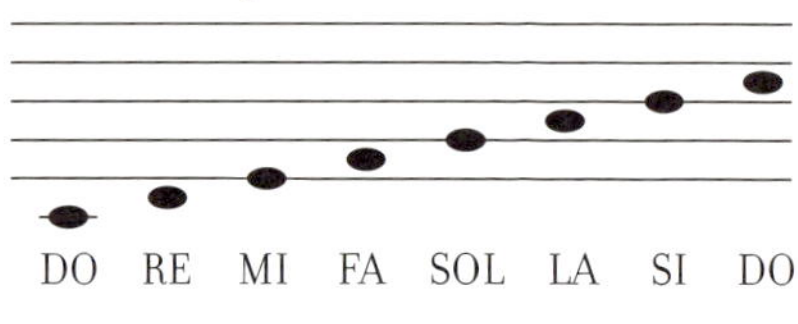

Hay un tono de diferencia entre cada nota, excepto entre el MI y el FA y entre el SI y el DO, que sólo hay medio.

Entre una nota y la siguiente existe un tono de diferencia: quiere decir que la vibración de cada nota es diferente de la anterior y de la siguiente en una distancia que llamamos "tono". Pero, ojo: entre MI / FA y entre SI / DO, hay sólo medio tono.

El señor Sostenido y la señorita Bemol

Oiga, ¿y ese tono de diferencia que existe entre casi todas las notas no se puede dividir? Sí que se puede: existen otros cinco sonidos intermedios, pero los pobrecitos no tienen nombre propio. Se escriben poniendo delante de la nota principal un garabato: un *sostenido* (♯) si se quiere subir la nota medio tono, y un *bemol* (♭) si se quiere bajar. Ahí va un ejemplo: si, como hemos dicho, entre el DO y el RE hay un tono entero, el DO sostenido (DO♯) será medio tono más alto que el DO normal.

Naturalmente, si a una nota que está separada de la siguiente sólo por medio tono le colocamos un sostenido, la transformamos en la nota siguiente: o sea, que el MI sostenido se convierte en FA, y el SI sostenido en DO.

De modo que existen siete notas principales y cinco sonidos intermedios entre ellas, con lo cual la escala completa queda así:

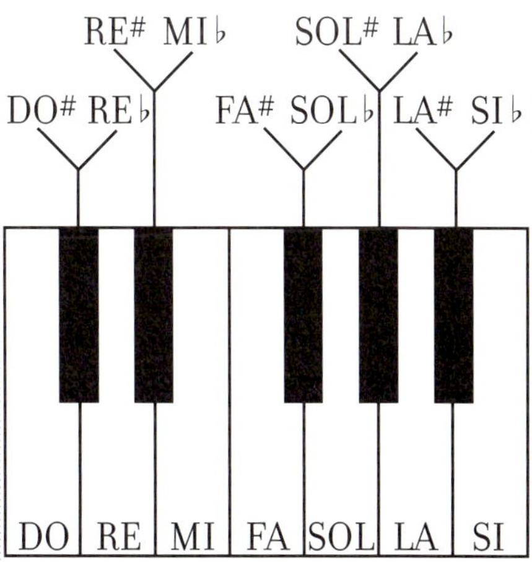

¿Por qué la música no es una lata?

Tampoco todas las notas duran el mismo tiempo. Si así fuera, la música sería de una monotonía mortal.

Es lo mismo que pasa cuando, hablando, decimos: "Te quiero muchííííííííísimo". No todas las sílabas duran lo mismo.

Las negras duran menos que las blancas (en la música)

Quienes estaban inventando la escritura musical —como hemos dicho, muchos y durante mucho tiempo— no tuvieron las cosas claras desde el principio. Hasta el siglo XV, más o menos, para decir que una nota duraba más que otra recurrían a diversos sistemas: le ponían una rayita encima, hacían la nota siguiente como una sierrita, etc.

A alguien se le ocurrió que, para indicar que una nota duraba más que otra, bastaba dibujar cada borroncito de una forma diferente. Y así nacieron estos signos: la *redonda* (𝅝), que dura el doble de tiempo que una *blanca*; la *blanca* (𝅗𝅥), que dura tanto como dos *negras*; la *negra* (♩), que dura lo que dos *corcheas* juntas,

Que una nota dure más o menos no depende de la colocación que tenga en la escala, sino de la forma del "borrón". Dos notas pueden estar colocadas en la misma raya del pentagrama y sonar igual, pero durar distinto tiempo.

y la *corchea* (♪), que dura lo que dos semicorcheas… (Hay otras notas que duran menos todavía.)
¡Ah, se me olvidaba! Cada una de estas notas tiene su "silencio" correspondiente, es decir, un momento para estar callados que dura lo mismo que esa nota. A la negra corresponde un "silencio de negra", que se expresa por este signo: 𝄽; a la corchea, un silencio de corchea: 𝄾, etc.

No todas las negras son altas (en la música)

Ahora sabemos algo más de las notas: sabemos ya que el sonido depende de la altura donde estén colocadas en el pentagrama. Y acabamos de ver que su duración depende de la forma que tengan. Por ejemplo, esta nota 𝅘𝅥 sonará como un SOL (porque está colocada en la segunda raya del pentagrama) y, por la forma que tiene, durará el tiempo equivalente a una negra.

Otras formas de animar el cotarro

Una negra valdrá siempre tanto como dos corcheas; pero no quiere decir que dure exactamente siempre los mismos segundos. Para eso, los músicos escriben en sus partituras si quieren que se toquen las piezas más de prisa o más despacio…

Esto generalmente lo indican con palabras italianas: *Moderato*, *Andante*, *Con moto* (que no quiere decir exactamente lo mismo que en español…).
Añadiremos que, además de la altura de una nota y de su duración, se habla también de la intensidad (si el sonido es fuerte o suave) y de su timbre (o "calidad" del sonido, que es lo que hace que una misma nota suene diferente si la toca un violín o una trompeta).

¿Por qué algunas músicas te hacen mover los pies?

¿De qué depende que una música nos haga bailar, mientras que otra nos invita a estar tranquilamente sentados? Del ritmo. Hay ritmos que se pueden acompañar con los pies o con las palmas, y otros que no.

Ponle ritmo a tu vida

Prueba a decir esta frase: *Más vale pájaro en mano que ciento volando*.

¿Ves que tiene un ritmo interno: *pa parapa parapapa papá parapapa*? Pues lo mismo sucede con la música. En una pieza musical no basta que cada nota tenga un sonido determinado o que unas duren más que otras. Hay que combinarlas, entre ellas y con los silencios, de forma que el resultado tenga "ritmo", alma. Este ritmo es fundamentalmente de dos tipos: binario: *un/dos, un/dos*, como una marcha militar; o ternario: *un/dos/tres - un/dos/tres*..., el vals, por ejemplo. En la

Los compases son los encargados de organizar el ritmo de una pieza musical. En la escritura musical, un compás es el trozo de pentagrama delimitado por dos rayas verticales.

partitura, el ritmo se escribe mediante los compases, que son cada uno de los espacios de pentagrama encerrado entre dos líneas verticales. Aunque puede existir ritmo sin que existan compases, como, por ejemplo, en la música gregoriana.

Llevar el compás

El compás que queremos que siga una pieza se escribe al principio, generalmente con un quebrado. Si ponemos 3/4 significa que usaremos compases ternarios (lo indica el 3 del numerador) y que cada uno de esos compases estará compuesto de negras (o su equivalente). Que se trata de negras nos lo dice el 4 del denominador (4 es el resultado de dividir una nota redonda en cuatro partes). También se puede escribir así: 3♩., que es más claro todavía.

3/4 y 4/4, escrito también ¢, son los compases más usados. Existen otros, como el 6/8 (en cada compás metemos 6 corcheas, porque la corchea es el resultado de dividir la redonda en 8 partes). Naturalmente, cada compás podemos rellenarlo con las notas o con sus correspondientes silencios. Basta que el resultado, sumando notas y silencios, sea el exacto. Compruébalo en estos compases de 2/4.

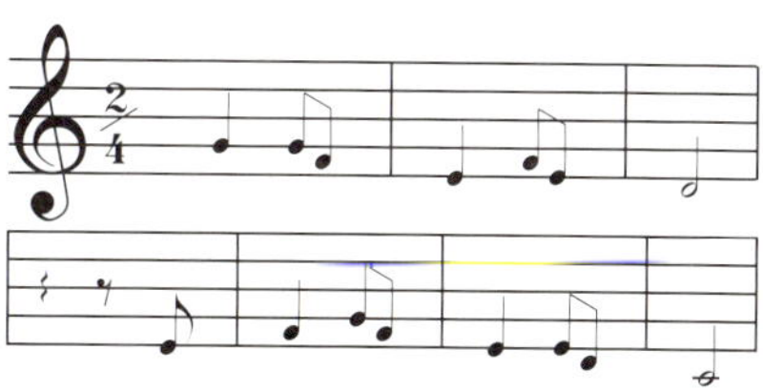

¿Por qué hay canciones que se aprenden en seguida y otras no?

Ni los sonidos, ni las notas, ni los silencios, ni los compases, ni nada de lo que hemos visto hasta ahora, garantizan que la música que resulte sea una maravilla. Todo eso es sólo "teoría musical".

Como tampoco basta echar las letras del abecedario al aire para que al caer formen *El Quijote*. La música no existiría sin la inspiración, que produce melodías preciosas, y sin la "armonía", que adorna y enriquece los sonidos, combinándolos entre ellos.

Melodías de ayer y de hoy

Como desde pequeños estamos oyendo música, dentro de nosotros se va formando un cierto "fondo musical". A veces ni somos conscientes de ello. Las melodías que de alguna forma nos recuerdan ese fondo nos resultan

No sólo la música "bonita" merece subsistir. Mucha música que hoy no nos gusta será normalmente aceptada en el año 3000.

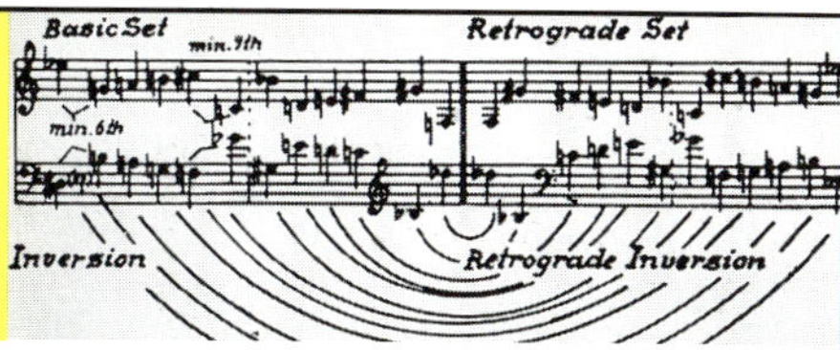

familiares y las aprendemos en seguida. En cambio, un niño chino, que haya escuchado desde pequeño otro tipo de melodías, no las aprendería tan fácilmente.
Otras formas de que la canción "pegue" es que tenga una parte que se repite muchas veces —es lo que se llama estribillo—. Otra forma es que la estructura de la melodía no se aparte de la estructura de otros cientos o miles de melodías que hemos escuchado antes (sin copiarlas descaradamente).

¡Muera Stravinski!

Pero la música avanza precisamente porque hay compositores que, de vez en cuando, se arriesgan a inventar cosas nuevas, música que se sale de los moldes, que no es

fácil y que no pega a la primera (no es "pegadiza"). Es lo que llamamos "música de vanguardia" y que, generalmente, encuentra muchas dificultades para salir adelante. Ígor Stravinski fue un músico —él se presentaba como "inventor de música"— cuyos conciertos acababan siempre en bronca: decían que no tenía ni idea de composición, que se dedicaba a "meter los dedos en las narices de la música"…, aunque ahora ya sus "disparates" nos parecen cosas normalísimas.

Igual pasó con la música juvenil: los Beatles fueron prohibidos en algunas partes y criticados en todas por los mayores: que si no sabían componer, que si llevaban el pelo largo, que si se drogaban…; y los Rolling Stones, igual.

¿Es posible mover el esqueleto sin música?

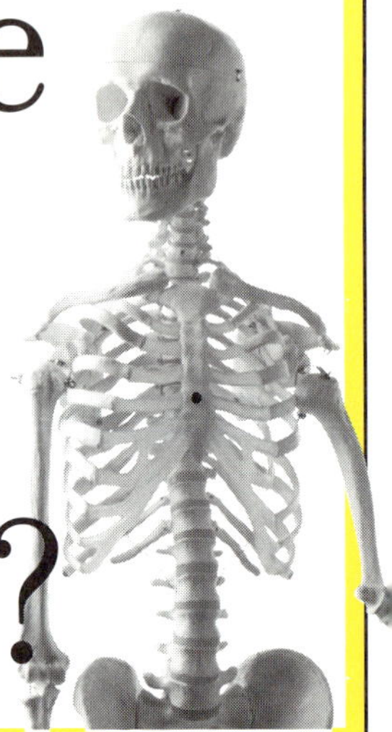

La música está muy ligada al baile: las discotecas, los bailes regionales, las comedias musicales y hasta los desfiles militares serían impensables sin la música.

Una de las formas más elegantes que han inventado los hombres de combinar la música y el baile es el *ballet*. En él, a la capacidad de la música para expresar cosas se añade la belleza del cuerpo humano en movimiento. Y así la música, que es abstracta —"aire", hemos dicho—, adquiere una dimensión visual.

De la danza de la lluvia a "Cantando bajo la lluvia"

Bailar es tan antiguo como el hombre. Todas las tribus primitivas danzaban en torno al fuego, o para pedir la lluvia, o antes de entrar en batalla... Y no hay pueblo que no tenga sus propias danzas tradicionales: la jota, el vals, el flamenco, la salsa, el *casachok*...

Cuando a la música se le une el movimiento del cuerpo, nace el ballet. También este tipo de danza ha experimentado una evolución desde sus orígenes medievales.

Ya en el Renacimiento italiano (allá por el siglo XIV) se empezaron a poner de moda algunas danzas en las fiestas de los grandes señores. Estas danzas fueron evolucionado hasta convertirse en lo que hoy se llama *ballet* (que en francés quiere decir simplemente "bailecito"). Pero el ballet es algo que evoluciona y que se transforma continuamente. Ballet no es sólo el de las bailarinas vestidas de vaporosos "tutús". Hoy día existen muchas compañías de ballet que ya no hacen lo que se llama ballet "clásico", sino danza mucho más moderna.

Tú eres ballet

El ballet no lo hacen sólo los bailarines. ¡Mírate! Cuando saltas, cuando te mueves al compás, cuando te echas unos bailes... estás haciendo "ballet", aunque hay gente especializada en crear coreografías. Hay composiciones musicales para ballet que se han hecho muy famosas: *El lago de los cisnes* o *Cascanueces*, de Chaikovski (ruso); *Las sílfides*, de Chopin (polaco), o *El amor brujo*, de Falla (español), están entre las más conocidas.

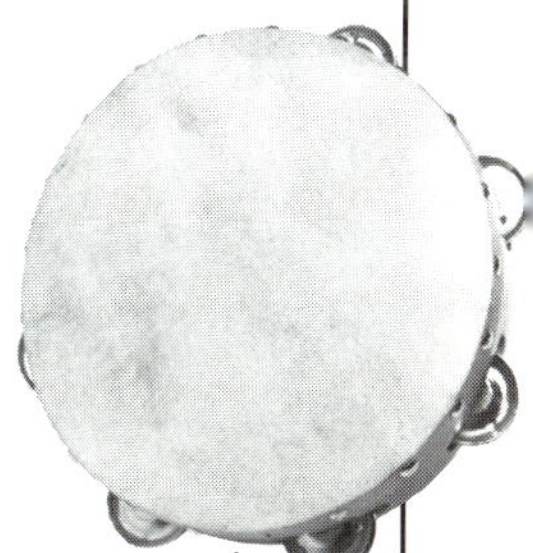

El ballet ha llegado también al cine y ha dado origen a algunas grandes películas musicales: *Cantando bajo la lluvia*, *West Side Story*, *Fama* o *Grease* son algunos de los títulos más conocidos.

¿Te hacen llorar las tripas de un cerdo?

Hemos visto ya que se puede hacer música con la voz, con el cuerpo… El hombre, además, y desde la prehistoria, ha creado instrumentos musicales, desde flautas de hueso o de caña a tambores de piel de animales.

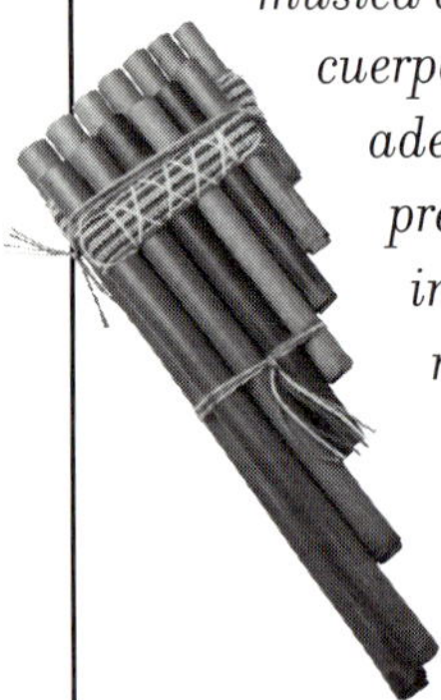

Todo sirve

En realidad, un instrumento musical es todo aquello que nos sirve para producir música, desde un papel de fumar soplado en un peine a un tambor hecho con una caja de detergente para lavadora. Durante muchos siglos se emplearon pieles de animal para hacer tambores, y las cuerdas de los violines que tocaban música sublime provenían de las tripas de un cerdo.

Con aire, con madera, con metales…

Cuando se agrupan unos cuantos instrumentos musicales surge lo que llamamos un conjunto (de *rock*, por ejemplo). Si el número de instrumentos crece, se empieza a hablar de orquesta: si es pequeña, se dice orquesta “de

Se pueden fabricar instrumentos musicales con cualquier cosa: madera, hojalata, cuerdas, pieles... Lo que importa es que el sonido que produzcan sea agradable al oído.

cámara", porque era la que se utilizaba para interpretar música en las habitaciones (cámaras) de algunas casas ricas; si alcanza un número de instrumentos considerables, se pasa a la orquesta "sinfónica", que es la que se ve en los grandes conciertos. En ésta, los instrumentos están organizados por grupos: de cuerda (los que producen el sonido frotando o pulsando cuerdas: violín, violonchelo...; también la guitarra es un instrumento de cuerda); de viento (los que suenan haciendo pasar el viento por metales —por ejemplo, la trompeta—, o por madera —el clarinete, por ejemplo);

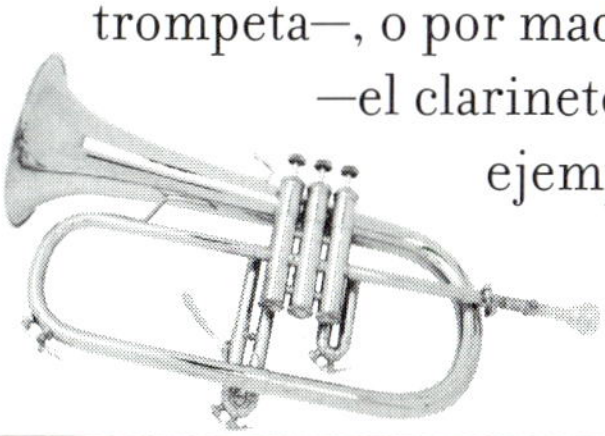

y de percusión, como los timbales o los platillos. Éstos son los tipos de instrumentos más corrientes. Los hay también mixtos: en el piano, por ejemplo, suenan las cuerdas, pero al ser golpeadas por unos martillitos. Hoy día, muchos instrumentos funcionan por electricidad y se siguen inventando otros nuevos, que suelen utilizar en sus composiciones los compositores más vanguardistas. Pero esto no es nuevo: ya hacia 1700, el padre de Mozart, Leopoldo Mozart, compuso una sinfonía en la que utilizaba los juguetes de sus hijos: es la famosa *Sinfonía de los juguetes*. Y Chaikovski, en su Obertura 1812, incluyó campanas..., ¡y hasta cañones!

¿Era Beethoven tan sordo como dicen?

La historia de la música es larga. Vamos a señalar algunas fases más importantes.

Música en las iglesias: el Medievo

En las iglesias se cantaba a palo seco, sin instrumentos: sólo se permitía el órgano. Era una música muy antigua, que según algunos provenía de los griegos clásicos. Se cantaba a una sola voz y la llamaban "canto llano". También se conoce como "gregoriano", porque el papa que la reformó en el siglo VII se llamaba Gregorio. Luego se empezó a cantar a varias voces: había nacido la *polifonía*.

Música en los palacios: el Renacimiento

Al principio, la música que se tocaba en los castillos o en los palacios se parecía bastante a la

Cada época ha tenido un estilo musical propio, que respondía en gran parte a las características de la sociedad en que se vivía.

de las iglesias. El cambio llegó cuando se empezó a usar la música para acompañar las danzas con ritmo —como no había tele, la gente organizaba muchas fiestas— y se empezaron a incorporar nuevos instrumentos.

Música en las mansiones: el Barroco

Allá por el siglo XVII los señores ricos empezaron a pagar a los músicos para que compusieran piezas para ellos: nació así la figura del músico profesional, y una música más alegre, más vitalista. Se la llamó "barroca", que quiere decir vivaz, estrambótica.

Música en los teatros: el Clasicismo

Frente a la música barroca, muy ornamentada y rica, surgió luego como reacción un estilo más sobrio, más comedido. Socialmente, la música se iba haciendo más popular: ahora no sólo los ricos podían oír a las orquestas, porque éstas comenzaron también a actuar para todos los públicos…, o casi.

Música en los brazos de la amada…: el Romanticismo

Cansados de tanta sobriedad, los "románticos", ya en el siglo XIX, utilizaron la música sobre todo para expresar sentimientos. Es el momento más glorioso de la música "clásica".

Música en los campos de fútbol

El siglo XX significó la liberación de estilos y el acercamiento de la música a todos los públicos.

¿Quién inventó el "rock", el "pop" y todo eso?

"Pop" no es más que la abreviatura de popular. Música popular ha existido siempre. Incluso cuando la música se hacía en las iglesias, el pueblo tenía sus cancioncillas y sus bailes. Es lo que ahora llamamos folclore.

Lo realmente nuevo es que, hace no mucho, esta música adquirió tanta importancia como la que siempre se había dado a la "gran música" (clásica). Esto coincidió con un momento en que también las sociedades, al menos en Europa y América, se hacían más democráticas y en el mundo aumentaba la intercomunicación, sobre todo entre los jóvenes.

Enchúfame, Elvis

La explosión de la música *pop* tiene mucho que ver con los nuevos instrumentos, por ejemplo con la guitarra eléctrica y con los discos. La importancia de la electricidad en la música ha ido en aumento. Hoy sería imposible un concierto de *rock* sin electricidad.

El éxito de la música pop (popular) coincide con un tipo de sociedades más democráticas, más intercomunicadas, donde los jóvenes tienen mayor importancia (también desde el punto de vista económico).

Se suele considerar a Elvis Presley (un ex camionero americano, muerto en 1977) como el primer representante de lo que se llamó *rock and roll*, o simplemente *rock*. En realidad, él no fue el primero (antes existían el *jazz*, el *blues*, el *country*...), pero sí quien contribuyó a dar a esta nueva música un impulso imparable. *That's alright mama*, un *blues* suyo de 1954, se suele presentar como la primera grabación *rock* de la historia (para otros es el *Rock Around the Clock*, grabado ese mismo año por Bill Haley y Los Cometas).

El disco que estabas esperando

La música popular está muy unida a un cierto tipo de cultura juvenil, que se expresa en las letras de las canciones (en gran parte en inglés), la moda, los vestidos, los peinados, la bebida y hasta las posturas del cuerpo. Algunos grandes nombres del *rock*, que convirtieron en "melómanos" (¿qué significa? Mira en "La banda del sin-vergüenza") a millones de jóvenes de todo el mundo, fueron los Beatles, Bob Dylan, los Rolling Stones... Pero todo esto no hubiera sido posible sin la popularización de la radio y del disco, que permitían escuchar a cualquier músico en cualquier parte del mundo.

La historia del *rock* no es muy larga, pero ya se puede hablar de diversos movimientos y estilos.

¿Era chino Mozart?

Estamos acostumbrados a la música más cercana a nosotros, la de Occidente; pero no debemos olvidar que también los otros pueblos de la Tierra han tenido desde siempre su música.

Escalas de rebajas (cinco notas en lugar de siete)

Si alguna vez tienes ocasión de escuchar música china antigua te parecerá rarísima. Es porque ellos, desde el principio, usaron otra teoría musical. Por ejemplo, no utilizaban los siete sonidos diferentes que tenemos nosotros —en realidad doce, con los bemoles y los sostenidos—, sino sólo cinco: RE, MI, SOL, LA y SI). Y también los africanos, y los japoneses y los australianos aborígenes tenían sus propias músicas.

Ni que decir tiene que lo mismo sucede con los instrumentos. La orquesta, tal y como nosotros la conocemos, es un invento que, hasta principios del siglo XX, sólo se utilizaba en Occidente.

Empieza el mestizaje

Desde el siglo XIX el mundo comenzó a hacerse cada vez más pequeño: se empezó a conocer un poco mejor a los otros, se empezaron a mezclar elementos de unas culturas y de otras...

En el siglo XIX empezó la mezcla entre las distintas músicas del mundo..., aunque la música occidental es la que ha llevado "la voz cantante".

Por desgracia, siendo entonces Occidente el lugar más desarrollado del planeta, esta apertura consistió muchas veces sólo en la imposición de la música occidental al resto del mundo. Existieron pequeños intentos en sentido contrario: Verdi, (un famoso compositor de óperas italiano) recreó en una de sus óperas (*Turandot*) algunas armonías chinas, y lo mismo hizo Puccini (otro músico italiano) con la música japonesa en su ópera *Madame Butterfly*. A principios del siglo XX los músicos "impresionistas" se lanzaron a la búsqueda de melodías extrañas: Claude Debussy con *La siesta de un fauno*, o Ravel con su *Bolero* orientalizante... Pero fueron tentativas aisladas, y en ningún caso verdadera fusión.

Más suerte tuvo la música africana, que, a través del *jazz* y de la música popular de Estados Unidos, ha influido enormemente en la música moderna. Y en menor medida la música jamaicana, la celta, la suramericana...

"English for everybody"

La música occidental ha acabado por imponerse en el mundo debido al poder económico de Occidente, y otro tanto ha sucedido con la lengua inglesa, representante del país más rico de la Tierra. Hoy, en cualquier rincón del mundo los jóvenes tararean canciones en inglés.

¿Se fugan sólo los presos?

También en la llamada música "clásica" existen infinidad de estilos musicales. En su afán por entender las cosas, la gente ha establecido una serie de formas musicales para distinguir unos estilos de otros.

Pero la frontera entre ellos no es siempre clarísima. Vamos a referirnos a algunos de los géneros de los que oirás hablar más frecuentemente.

¿Qué es una fuga?

Como su nombre indica, una fuga es una música en la que unos van corriendo detrás de otros. En realidad, en una "fuga" unos instrumentos parten detrás de otros, repitiendo —cambiando lo que haga falta— el tema principal. Bach escribió un montón de fugas y hasta un tratado: *El arte de la fuga*.

Terceto, cuarteto, quinteto...

Como sus nombres indican, son piezas musicales en las que intervienen tres, cuatro, cinco... instrumentos. Si pasan de diez, se habla de pequeña orquesta, u orquesta de cámara.

No hace falta saber mucha teoría musical para disfrutar con la música. Aunque, como en todo, cuanto más se educa el gusto musical más capacidad se tiene para apreciarla.

¿Es igual concierto que sinfonía?

Generalmente, en un concierto hay un instrumento que destaca sobre los demás. Por eso se habla de concierto para piano, o para violín, o para clarinete..., mientras que en la sinfonía el resultado está confiado a la masa total de los instrumentos. En general, la sinfonía consta de cuatro "movimientos", o cuatro partes, cada una con un ritmo distinto (alegre, lento, animadillo, otra vez alegre...).

¿Qué es la ópera? ¿Qué es un "oratorio"?

La ópera, que en italiano significa simplemente "la obra", es una pieza teatral en la que todo se dice cantando:

si hay momentos en los que se habla, ya no es ópera, sino "opereta". La zarzuela tiene también parte cantada y parte hablada; y lo mismo lo que se ha venido a llamar el "musical americano".

El oratorio es una especie de ópera sin teatro; es decir, sólo se canta, no se representa. Además, su contenido suele ser religioso. El compositor de oratorios más conocido es Haendel, de uno de cuyos oratorios, *El Mesías*, habrás oído sin duda el famoso "Aleluya".

¿Cuánta gente vive de la música?

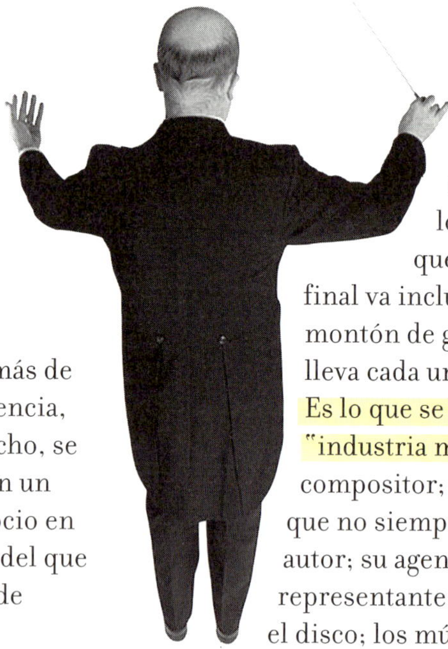

Músicos, cantantes, directores de orquesta, casas discográficas, vendedores de discos...

La música, además de un arte y una ciencia, como hemos dicho, se ha convertido en un gigantesco negocio en todo el mundo, del que viven millones de personas.

¿Por qué cuesta tanto un "compact disc"?

Quizá hayas oído comentar que un *compact disc*, por el que te hacen pagar 3.000 mil pesetas, no cuesta en realidad más que 100 ó 200. Es verdad, lo que pasa es que en el precio final va incluida un montón de gente que se lleva cada una su parte. Es lo que se llama la "industria musical": el compositor; el cantante, que no siempre es el autor; su agente o representante; el que graba el disco; los músicos que lo acompañan; la casa discográfica que lo comercializa; la publicidad; la tienda de discos..., y hasta la señora que limpia la tienda: todo tiene que salir del precio del disco.

La música ha transformado nuestro mundo; pero en la industria musical no es oro todo lo que reluce...

Mafias, modas, publicidad...

Como en otros muchos campos, la industria discográfica se mueve a nivel mundial: hoy son pocas las casas discográficas importantes en el mundo (Sony, Deutsche Grammophon, Decca, Polygram... son algunas de ellas). Estos grandes sellos imponen a veces sus gustos, sus cantantes, sus directores y sus orquestas. A éstos les pagan sumas enormes, mientras que es muy difícil para un recién llegado abrirse camino.

Muchas modas son puras operaciones publicitarias para vender más discos. Cuando nos convertimos en *fans* de algún cantante deberíamos estar atentos y preguntarnos si realmente nos parece genial o si simplemente estamos siendo manipulados por la publicidad.

¡Todos al concierto!

Además de un negocio, la música se ha convertido también en un fenómeno social: los "ídolos" musicales se toman como modelos de comportamiento; los conciertos reúnen cantidades inmensas de jóvenes en todo el mundo; y no sólo se venden discos, sino también revistas, libros, camisetas, aparatos para reproducir el sonido... Por contraste, son cada vez menos los jóvenes que personalmente aprenden a tocar un instrumento.

¿Qué hay que hacer para ser músico?

Con permiso de los vecinos, cualquiera puede ponerse a cantar o a rasguear una guitarra.

Ahora, si te quieres dedicar profesionalmente a la música, existe un solo camino: estudiar esa carrera (como quien quiere ser médico o arquitecto). Es verdad que hay muchos cantantes que han empezado sin estudiar, pero antes o después experimentan sus carencias.

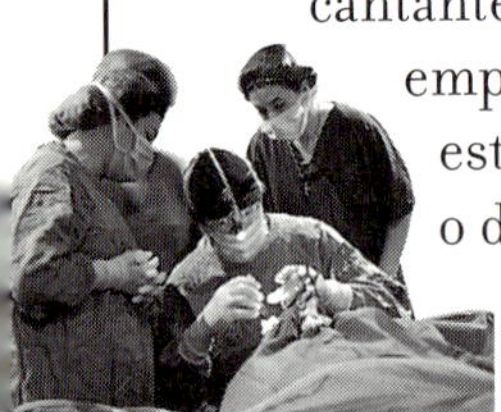

Un poco de oreja, Calleja

Antes de nada debes comprobar si tienes un mínimo de cualidades. Esto lo puedes ver si, en primer lugar, te gusta mucho la música; si desde pequeño has mostrado inclinación por los instrumentos, incluso primitivos, por el canto, por el baile... Si eres capaz de aprender con facilidad las canciones, si te gusta escuchar discos, acudir a conciertos, etc. Por lo demás, cuanto antes empieces a tocar un instrumento, mejor. En Japón hay niños que con tres añitos ya le dan al aparato. Generalmente, hay escuelas privadas o municipales que enseñan a los niños y niñas y, cuando llega el momento, los preparan para entrar en el conservatorio e

La música se estudia en los conservatorios; pero no hace falta convertirse en un profesional para disfrutar de ella... ni del ballet.

iniciar la carrera propiamente dicha.
Luego, como en toda carrera, te tocará estudiar algunas cosas que te gustarán más que otras. Se supone que todo eso te prepara para ser un músico lo más completo posible. Entre las materias que se estudian en un conservatorio de música están el solfeo y teoría musical; práctica coral; historia de la música y acústica. Además, naturalmente, del instrumento musical por el que te hayas decidido.

También puedes bailar

Otra posibilidad de vivir con la música es el ballet, que, además de un arte, es una buenísima gimnasia. También aquí conviene que veas si tienes cualidades. Pero no está dicho que tienes que llegar a ser una estrella: aunque seas de pequeña estatura y poco esbelto, si te gusta, harás bien en practicarlo.

Música a todo trapo

Músico profesional o no, estrella de la danza o simple aficionadillo, lo importante es que provechemos la música para mejorar nuestra "calidad de vida", para hacerla siempre más rica, interesante y divertida. Conociendo y usando lo que otros seres humanos ponen a nuestra disposición... o haciendo nosotros nuestra propia música.

Fija en tu memoria estas 10 frases.
Si un día desaparecieran de la Tierra todos los libros,
con ellas tú serías ser capaz de transmitir
a las generaciones futuras lo esencial
de lo que has aprendido sobre
LA MÚSICA.

1.

Los sonidos son vibraciones que producen las cosas al moverse y que se transmiten por el aire en forma de ondas.

2.

La música no la hacen solamente los hombres. La naturaleza está llena de sonidos maravillosos.

3.

La música es tan antigua como el hombre. Desde la prehistoria, todas las culturas conocidas han dejado señales de que les gustaba la música.

4.

La música nos gusta porque las ondas "sientan bien" a nuestros oídos; pero, además, porque nos sirve para expresar nuestros sentimientos y para acompañar nuestros estados de ánimo. La música mejora nuestra calidad de vida.

5.

Además de un arte, la música es también una ciencia. Como toda ciencia, tiene sus teorías y sus reglas. Éstas sirven para que la música la entiendan todos y la puedan compartir.

6.

En la música hay que tener en cuenta la "altura" de las notas, es decir, si sus vibraciones son más agudas o más graves. Al escribir música, esto se expresa colocándolas más arriba o más abajo sobre el pentagrama.

7.

También hay que tener en cuenta el tiempo que dura cada nota: esto se expresa con la forma externa de las notas: redonda, blanca, negra, corchea...

8.

Combinando las notas y los silencios se obtiene el ritmo. Sobre el pentagrama, el ritmo se expresa con los compases.

9.

Los instrumentos musicales se suelen dividir en instrumentos de *cuerda*, de *viento* y de *percusión*.

10.

La historia de la música está compuesta de muchos nombres y de muchos estilos. En el siglo XX adquiere gran importancia la música popular.

La banda del sin-vergüenza

Esta sección está dedicada a los que quieren saber todavía más; a los que no se avergüenzan de que los llamen "sabelotodo". ¡A los auténticos sin-vergüenza!

Música viene de "musa"

Aunque nosotros el nombre se lo apliquemos sólo a la música, en la mitología griega **las musas eran nueve** señoras o señoritas, todas hijas de Zeus, el padre de los dioses. Se supone que eran ellas las que daban a los hombres la inspiración en todo lo que tenía que ver con la ciencia y con las artes. Sus nombres, un pelín raros, eran: Calíope, musa del arte de hablar bien o elocuencia; Clío, de la historia; Erato, de la poesía; Euterpe, de la música; Melpomene, de la tragedia; Polimnia, del mimo; Talía, de la comedia; Tersícore, de la danza; y Urania, de la astronomía.

De "musas" viene también "museo". En cambio, "musaraña" no tiene nada que ver (viene del latín 'mus', o sea, ratón).

¿Era español Beethoven?

Ludwig van Beethoven nació en Bonn en 1770, así que hoy sería "alemán". Lo que mucha gente no sabe es que su abuela paterna (la madre de su padre) era de ascendencia española. Se llamaba María Josefa Poll. Y, por tanto, también su padre era medio español.

La sordera total que Beethoven sufrió a partir de los cuarenta años no le impidió componer algunas de sus mejores obras, como la inmensa *Novena Sinfonía*, "la coral".

Los nombres de las notas

Como ya hemos visto, los nombres a las notas se los puso Guido de Arezzo. Para ello, echó mano de un himno a san Juan Bautista, patrono de los músicos, que dice así (la traducción es aproximada):

UT queant laxis	*Para que puedan*
REsonare fibris	*cantar con entusiasmo*
MIra gestorum	*tus prodigios,*
FAmuli tuorum	*a tus siervos*
SOLve polluti	*perdónales*
LAbii reatum	*sus pecados,*
Sancte **I**ohannes	*oh, San Juan.*

La música de ese himno iba subiendo de verso en verso, de modo que el primero ("UT queant laxis") comenzaba con la nota que hoy conocemos como DO, el segundo, con un RE..., y así sucesivamente.

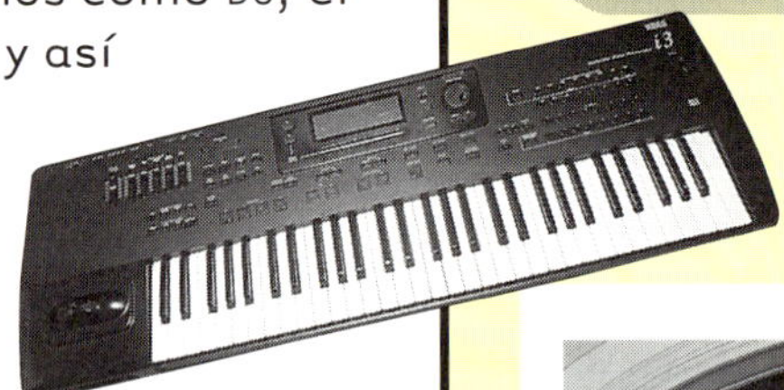

El SI se formó con la primera letra de San y de Juan.

La primera nota, UT, como era muy difícil de pronunciar, se cambió más tarde por el DO, aunque en algunos sitios se siguió utilizando.

En otros países —por ejemplo, en Alemania— nunca se aceptó la denominación de Guido, y se usan aún hoy letras del alfabeto: el LA se dice A, el SI, B, etc.

¿De dónde viene el DO?

¿Por qué, cuando se quiso cambiar el nombre a la nota "UT" se eligió DO y no, por ejemplo, POF? Pues porque un astuto músico italiano, llamado Doni, decidió ponerle a esa nota la mitad de su apellido. Esto ocurrió en el siglo XVII... y dura todavía.

Míster Sax

Casi ningún instrumento lleva el nombre de su inventor (los timbales, por ejemplo, no los inventó Tim Ball, ni las castañuelas la casta Ñuelas); pero el saxofón no se llamaría así si no fuera porque su inventor, Adolph Sax, le dio su nombre en 1846.

¡EL PIANO MIENTE!

"Piano" no es, en realidad, el nombre del instrumento "piano", sino sólo la mitad de su verdadero nombre. Su nombre completo es **piano e forte**, que en italiano significa "suave y fuerte". Se le dio ese nombre porque, a diferencia del clavicémbalo, su antecesor, el nuevo instrumento permitía regular la intensidad del sonido, haciéndolo más fuerte o más... piano, cosa que con el clavicémbalo, en el que unas púas pulsaban las cuerdas, no se podía conseguir.

Organizados con órgano

Entre los instrumentos que todavía se usan, el órgano es uno de los más antiguos. Que sepamos, se utilizaba ya en Grecia en el año 250 antes de Cristo. El órgano funciona haciendo pasar el aire por unos tubos. Hasta que se inventó la electricidad, el aire se accionaba con unos fuelles, que se movían con los pies o con unos señores forzudos. El órgano primitivo griego utilizaba la fuerza del agua.

¡Qué moztruo de niño!

La precocidad de algunos músicos nos deja apabullados: Camille Saint-Saëns aprendió a distinguir las notas a los treinta meses y a los cuatro años tocaba estupendamente el piano (componía ya a los cinco y dio un concierto triunfal a los once). Albéniz dio su primer concierto a los cuatro años, y a los nueve se escapó de casa para ganarse la vida dando conciertos. Mozart compuso sus primeras piezas para clavicémbalo a los cuatro años y dio su primer concierto a los seis. Haendel a los siete años tocaba divinamente el órgano. Chopin publicó a los siete años una polonesa en sol menor. Schumann compuso a los nueve años su *Alegría de un día de escolar*. Paganini dio su primer recital a los once años. Beethoven publicó su primera obra con doce años: *Variaciones para piano sobre una marcha de Dressler.* Karl Maria von Weber compuso su primera ópera a los catorce años.

¿Fue española la primera guitarra eléctrica?

La guitarra clásica o "española" es una caja de madera que amplifica el sonido de las cuerdas al vibrar. En cambio, la guitarra eléctrica confía esa amplificación a la electricidad. La primera guitarra "eléctrica" fue la "Electro Vibrola Spanish Guitar". Se fabricó en 1935 y era una simple guitarra española a la que se añadía un micrófono. Hasta 1958 no apareció la verdadera guitarra eléctrica, con dos micrófonos incorporados, en la que la caja de madera tradicional se hacía innecesaria.

Más sobre Elvis...

Elvis Aaron Presley nació en 1935 en Tupelo (Misipipí). Su carrera comenzó el día en que decidió grabar un pequeño disco para regalárselo a su mamá. Tenía diecinueve años. Un empresario de espectáculos vio en él una mezcla de alma negra en cuerpo (joven) blanco. Su primer éxito de masas fue *Heartbreak Hotel*, donde el protagonista, lleno de dolor por el abandono de su chica, se va a vivir al hotel de los Corazones Rotos, al final de la calle de la Soledad. La compañía de discos RCA (Radio Corporation of America) le hizo un contrato de seis millones y medio de pesetas (¡de las de 1956!).

...y más sobre los Beatles

Al principio, el nombre del conjunto fueron los Quarrymen ("Los hombres de Quarry", el colegio donde estudiaban Lennon, McCartney y Harrison). En 1960 se llamaron Long John and the Silver Beatles ("Los escarabajos plateados", aún sin Ringo Starr). En 1961 empiezan a actuar en La Caverna, un club subterráneo de Liverpool (en Inglaterra). Su primer disco importante fue *Love me do*, grabado en 1962. Luego, en sólo dos años, entre 1963 y 1964, grabaron ¡más de 60 títulos! Su primera película (*¡Qué noche la de aquel día!*) es de 1964, y *Help!*, del año siguiente.

En 1965 fueron nombrados Caballeros de la Orden del Imperio Británico. En 1970 se separaron definitivamente, dando por finalizada una "década prodigiosa".

El arte de la música en el arte

La música ha sido uno de los temas más representados en el arte. Mira algunos ejemplos.

Niños cantores de Della Robbia.

Las trompetas del Jui
Final de Miguel Ángel

Bailarinas de Degas.

Ángel violinista de Caravaggio

Músicos de Picasso.

10 músicos de rechupete...

Los músicos "clásicos" son una infinidad, pero si tuviésemos que elegir "los 10 principales", entre ellos, sin duda, estarían los siguientes:

1

Antonio Vivaldi, el cura pelirrojo

Era italiano y vivió casi siempre en Venecia, donde era músico de un colegio de niñas internas. Una orquesta formada por ellas fue la primera que tocó muchos de sus más de 250 conciertos. Es muy famoso el de *Las cuatro estaciones*.

2

Juan Sebastián Bach, el pelucas

Alemán. Se consideraba a sí mismo fundamentalmente organista y músico religioso. Fue muy fecundo, tanto en composiciones musicales como en hijos (tuvo veinte, muchos de ellos músicos). Son famosas sus *Cantatas* y *La Pasión según san Mateo*.

3

Georg Friedrich Haendel, el aleluyático

Aunque era alemán, desarrolló su vida musical en Inglaterra. Trabajó muchísimo, tuvo mucho éxito... y también conoció la bancarrota. Sus composiciones más famosas son los *Oratorios* y, entre ellos, *El Mesías* es el más conocido.

4
Wolfgang Amadeus Mozart, el niño prodigio

Fue un niño prodigio, pero sobre todo un músico prodigioso. Compuso de todo: conciertos, óperas, música religiosa... Parecía como si su vida misma fuera la música. Entre sus muchas obras buenas está la ópera *La flauta mágica*. Murió a los treinta y cuatro años de edad.

5
Ludwig van Beethoven, el sordo genial

Llevó una vida intensa, totalmente dedicada a la música, en la que construyó obras muy poderosas. Es el primer gran músico moderno, por eso sigue gustando tanto hoy. Sus nueve sinfonías son superconocidas, sobre todo la Tercera (*Heroica*) y la Novena.

6
Franz Schubert, el amiguete

Músico bastante bohemio, que casi siempre andaba corto de dinero, compuso muchos "lieder" (canciones, generalmente para voz y piano), así como conciertos y sinfonías. Una de estas sinfonías, la segunda, llamada Incompleta, es de las que más se escuchan.

7
Frédéric Chopin, el pianista flacucho

Era polaco, pero vivió muchos años en París (también en Mallorca). Es, sin duda, el mayor "mago" del piano, para el que compuso casi la totalidad de su obra. Sus *Nocturnos* son una colección de piezas breves muy relajantes.

8
Giuseppe Verdi, el de la "spaghetti opera"

Italiano, gran compositor de óperas, le tocó vivir tiempos políticamente muy revueltos: la unificación de Italia. Entre sus óperas, todas de gran éxito, es muy conocida *La Traviata* (la extraviada) y también Aida (el nombre de la chica), que se desarrolla en Egipto.

9
Piotr Illich Chaikovski, el ruso triste

Músico romántico por excelencia, sus muchas obras son ricas en melodías muy inspiradas. Aunque compuso conciertos y seis sinfonías, es muy conocido sobre todo por su música para ballets, *El lago de los cisnes* o *Cascanueces*, por ejemplo.

10
Ígor Stravinski, el follonero

Entre los músicos del siglo XX, Stravinski representa la pasión por una música distinta, que no fuera repetición de lo que ya se había hecho antes. *La consagración de la primavera* supuso una auténtica revolución, a la que se unió una coreografía muy nueva.

¡Músicos desgraciados!

Ya hemos contado que Beethoven fue sordo total desde los cuarenta años —en realidad, empezó a quedarse sordo a los veintiocho—. Juan Sebastián Bach murió completamente ciego, en parte por haber trabajado de noche a la luz de las velas. Rachmaninov sufrió una depresión que le duró tres años, tras la cual compuso su 2.° concierto para piano, el más importante. Schumann se volvió loco: intentó tirarse al río Reno..., pero lo salvaron. Chaikovski, a pesar de lo que se cuenta, muy probablemente se suicidó. Glenn Gluold, otro que empezó a componer a los cinco años, interrumpió brutalmente su carrera a los treinta y dos, dedicándose desde entonces exclusivamente a grabar discos, sin recibir visitas y alimentándose únicamente de fruta, huevos y leche, hasta que cumplió los cincuenta años, en que murió, tal como había predicho.

Me lo escriba, oiga

Desde que Beethoven se quedó sordo empezó a comunicarse a través de cuadernitos, donde la gente le apuntaba sus preguntas. En los últimos nueve años de su vida llenó más de cuatrocientos, de los cuales han llegado hasta nosotros ciento treinta y siete.

La guitarra

¡Oh, guitarra!
Corazón malherido
por cinco espadas.

FEDERICO GARCÍA LORCA:
Poema de la seguiriya gitana, 1921

El arpa

Del salón en el ángulo oscuro,
de su dueña tal vez olvidada,
silenciosa, y cubierta de polvo,
veíase el arpa.
¡Cuánta nota dormía en sus cuerdas
como el pájaro duerme en las ramas,
esperando la mano de nieve
que sabe arrancarlas!
"¡Ay! –pensé–, ¡cuántas veces el genio
así duerme en el fondo del alma
y una voz, como Lázaro, espera
que le diga: "¡Levántate y anda!"

GUSTAVO A. BÉCQUER:
Libro de los gorriones, rima VII

Cómo funciona un micrófono

El micrófono transforma las señales sonoras (la voz, por ejemplo) en señales eléctricas. Un amplificador aumenta luego estas señales eléctricas (cosa nada difícil) y las manda a un altavoz. Éste las recibe ya amplificadas y las vuelve a convertir en ondas sonoras mucho más fuertes. Todo esto a gran velocidad, claro.

Los primeros discos

El primer "disco" de éxito lo grabó el tenor Caruso en 1903. Como todo invento, despertó sospechas: se dijo que grabar discos estropeaba la voz de los cantantes (Caruso fue operado de la garganta en 1908). En los años veinte, con la aparición de la radio, se dio por acabado el negocio del disco: ¿Para qué hacía falta comprar una música que la radio daba gratis?

Los primeros discos de *jazz* se grabaron en 1917. Los primeros discos de música *rock* los publicó, en 1955, la compañía Sun Records, de Memphis (Tennessee, EE. UU.) con una etiqueta central de color amarillo.

¡Puaf, qué asco!

En el mundo de la música, muchas de las cosas que hoy nos parecen normales tuvieron que abrirse paso con bastante dificultad: se rechazó el piano; se rechazaron al principio los discos; se rechazó el cine sonoro; el disco de vinilo se inventó mucho antes, pero las grandes compañías prefirieron seguir grabando en pizarra; la estereofonía tardó casi treinta años en imponerse..., y la cuadrifonía, un invento de 1970 aún no lo ha conseguido del todo.

Música y dólares

En los últimos años tuvieron mucho éxito los conciertos de "los tres tenores": Plácido Domingo, José Carreras y Luciano Pavarotti, acompañados por el director de orquesta Zubin Metha. Alguno de estos señores llegó a cobrar 18 millones de dólares al año, que, traducido en pesetas, significa casi ¡tres mil millones de pesetas! Ten en cuenta que en España un sueldo de sólo seis millones al año se considera ya muy bueno.

SOLUCIONES

PALABRAS MUSICALES:
SOLista, compoSItor, MIcrófono, violA, escalA, iMItaDOREs, SInfonía, diREctor, múSIca, tecLADO.

CONCIERTO TRUCADO:

COMPÓNTELOS:

1 y 2; 3 y 9; 4 y 6; 5 y 7; 8 y 10.

SOPA DE MÚSICOS:

S	M	H	A	R	B	I	G	O	T
E	C	I	R	A	N	D	Y	A	H
B	E	E	T	H	O	V	H	N	O
E	G	P	I	P	A	S	K	L	L
S	N	S	E	L	T	A	E	B	A
U	I	S	P	I	R	V	I	N	A
G	L	M	N	B	A	C	H	I	N
O	L	G	A	R	Z	T	S	I	L
N	O	K	D	V	O	R	A	K	K
H	R	O	A	U	M	C	O	C	A

SE BUSCA:

pág: **82.**

JEROGLÍFICO:

La 5.ª Sinfonía
(la quinta, sin FO ni A).

CRUCIGRAMA MUSICAL

1			A	R	T	I	S	T	A	
2				A	R	T	I	S	T	A
3	P	I	A	N	I	S	T	A		
4		B	A	C	A	L	A	O		
5			C	A	N	C	I	O	N	
6			O	R	G	A	N	O		
7		O	R	Q	U	E	S	T	A	
8			S	O	L	I	S	T	A	
9			L	E	O	N	E	S		

La peli

El extraño caso del pianista secuestrado

¡No se puede ser un genio! Cuando Mifa Shol, un pianista ruso de catorce años, sale del hotel hacia el auditorio donde debe dar un concierto, no se imagina lo que está a punto de caerle encima...

¡Que la ciencia te acompañe!

En 20 preguntas te explicamos todo lo que una persona como tú no puede ignorar de un arte tan especial como la música.

1. Vivimos rodeados de música.
2. La música en discos (I): de los cilindros de cera a la casete.
3. La música en discos (II): del sistema digital, el DVD.
4. ¿Para qué sirve saber música?
5. ¿Qué es el sonido?
6. La música en la naturaleza.
7. Orígenes de la música.
8. La escritura musical.
9. Teoría musical (I): la altura de las notas.
10. Teoría musical (II): la duración de las notas.
11. Teoría musical (III): el ritmo.
12. La melodía.
13. Música y movimiento: el ballet.
14. Los instrumentos musicales.
15. Breve historia de los estilos musicales.
16. La música moderna: *pop*, *rock*...
17. Músicas no occidentales.
18. Algunas formas musicales: fuga, concierto, ópera...
19. La industria musical.
20. ¿Qué hay que hacer para ser músico?

La banda del sin-vergüenza

Para los que no les da vergüenza saber ni que se sepa que saben. Todo lo que alguna vez quisiste saber... pero no te atrevías a preguntar.

Otros títulos de la colección

Serie Azul

(No antes de los 7 años)

1. A ver, saca LA LENGUA (Hablando de la lengua oral)
2. ¡Me encantan LOS ANIMALES!
3. Érase una vez... (Introducción al TIEMPO y a la HISTORIA)
4. El mundo secreto de LOS NÚMEROS
5. ¡Qué mágico es MI CUERPO! (El cuerpo humano)
6. Descubre qué hay en EL CAMPO
7. ¡Cuidado con LOS DESASTRES NATURALES!
8. ¡Aventúrate en LAS CIVILIZACIONES!

Serie Naranja

(No antes de los 9 años)

1. El enigma de LA ESCRITURA (Introducción a la lengua escrita)
2. ¿Qué sabes de LAS PLANTAS?
3. ¡Qué fuerte es LA MÚSICA!
4. EL INGLÉS, ¡qué *fine* que es!
5. Da gusto inventar (Los grandes INVENTOS)
6. ¡Cómo me divierte EL DEPORTE!
7. LA COMUNICACIÓN nos une
8. ¡Cuánta GEOMETRÍA hay en tu vida!

Serie Roja

(No antes de los 12 años)

1. ¡Qué locura, LA LITERATURA!
2. LA CIENCIA en un periquete
3. Por amor al ARTE (Introducción al arte)
4. Póngame un kilo de MATEMÁTICAS
5. La gran fiesta del UNIVERSO
6. LA INFORMÁTICA a todo mega
7. ¡Enchúfate a LA ENERGÍA!
8. Aprende a APRENDER